鄂温克包商村镇银行
EWENKI BAOSHANG RURAL BANK

马背银行

企业管理出版社
ENTERPRISE MANAGEMENT PUBLISHING HOUSE

图书在版编目（CIP）数据

马背银行 / 王曙光主编 . —北京：企业管理出版社，2019.6

ISBN 978-7-5164-1972-4

Ⅰ. ①马… Ⅱ . ①王… Ⅲ . ①村镇银行—银行发展—研究—呼伦贝尔市 Ⅳ . ① F832.35

中国版本图书馆 CIP 数据核字（2019）第 117677 号

书　　名：马背银行

主　　编：王曙光

责任编辑：尚元经　李　坚

书　　号：ISBN 978-7-5164-1972-4

出版发行：企业管理出版社

地　　址：北京市海淀区紫竹院南路17号　　　邮编：100048

网　　址：http：//www.emph.cn

电　　话：编辑部（010）68414643　发行部（010）68701816

电子信箱：qiguan1961@163.com

印　　刷：涿州市京南印刷厂

经　　销：新华书店

规　　格：160毫米×235毫米　16开本　18.25印张　198千字

版　　次：2019年6月第1版　2019年6月第1次印刷

定　　价：108.00元

主　编　王曙光

撰稿人　鄂温克包商村镇银行编写组成员

李晓峰　贾逢英　马　宁　薛小盈

魏新星　高　阳　薛宝龙　齐润杰

北京大学编写组成员

杨　敏　冯　璐　郭　凯　王　彬

王天雨　高　尚　梁　月　陈　帆

康恒溢　张慧琳　宋曼嘉

序言

鄂温克包商村镇银行是全国首家进驻少数民族自治县域的村镇银行，也是位于祖国版图最北疆的村镇银行。2009年成立以来，银行扎根边疆少数民族牧区，立足“马背银行”和“草根金融”定位，在“做全国最好的牧业金融机构”的企业愿景指引下，在呼伦贝尔大草原上谱写出普惠金融服务的光辉篇章。“马背银行”的美名不胫而走，不仅广受大江南北农村金融同行的赞誉和肯定，而且受到国家金融监管部门和国际人士的高度认可。十年来，在服务牧区经济发展方面成绩显著，对促进所在地区民族繁荣与民族团结作出了重大贡献。边疆民族地区经济发展和社会稳定，既是我国“乡村振兴战略”的重要组成部分，又是我国固边安邦的重要前提。鄂温克包商村镇银行在其中扮演着重要角色，承担着极为艰巨而光荣的使命。

鄂温克包商村镇银行致力于成为一家具有高度社会责任感的银行。而对于边疆民族地区（尤其是鄂温克族、达斡尔族及鄂伦春族三少民族聚集地区）而言，谋求民族繁荣和谐乃是最大的社会责任。十年来，鄂温克包商村镇银行以艰苦卓绝的努力，最大限度地克服草原牧区的自然人文环境给银行经营带来的诸多客观困难，以崇高的使命感和勇敢的担当精神，为当地牧区群众和中小企业客户提供最优质、最贴心和最全面的普惠金融服务。履行社会责任，对于鄂温克包商村镇银行而言，不仅是立身之本，而且是兴行之基。

鄂温克包商村镇银行致力于成为一家有着卓越企业文化的银行。它必将不仅使自己汲取全球优秀银行经营之智慧，而且更要扎根鄂温克地区民族团结文化之沃土，将全球视野与民族文化精髓有机融合，从而塑造出独具特色的“马背银行文化”。因而银行不仅将成为一家经营绩效优异的全球优秀银行，而且更将成为一家具有巨大企业品牌价值、丰富企业文化内涵、独特企业精神的卓越银行。它将具有独特之魅力，独特之气质，独特之哲学，从而在业界占有独一无二的位置。它将是一家有理想、有情怀、有感召力、有凝聚力的银行，从而在地区中、在客户中、在员工中、在当地人民心目中占有一个不可取代的位置。

本书讲述的，是边疆民族地区一个小小的村镇银行的十年普惠金融实践。她的规模虽小，但她的故事却很大、很生动、很宝贵，她呈现自己的舞台和天地更是极其广阔辽远。我们试图在这本小书中，重现马背银行成长的艰辛和光荣，深入挖掘马背银行在经营管理中的独特探索，概括总结马背银行的经营哲学和管理模式，全方位展示马背银行作为一家优秀银行的卓越文化以及她与这片大草原以及草原上的人民的深刻的内在联系。相信马背银行的故事、理念和模式，能够使普惠金融领域、农村发展领域、扶贫领域、边疆研究领域的朋友们，在这个小小的边疆银行的身上，获得更多的信心和灵感。从更广大的意义上来说，这个边疆民族地区的村镇银行的砥砺奋斗，乃是中华民族伟大复兴之巨大交响乐章中一个不可或缺的音符，因此这本小书，既是对马背银行十年历程的致敬之作，也是献给共和国七十周年的一份小小的礼物。

王曙光
2019 年 3 月 25 日
于北京大学经济学院

目 录

附 录 // 237

第一章

鄂温克包商村镇银行经营环境

一、鄂温克旗的自然环境

呼伦贝尔市是内蒙古自治区下辖地级市，位于内蒙古自治区东北部，以境内呼伦湖和贝尔湖得名，政府驻地海拉尔区。南部与兴安盟相连，东部以嫩江为界与黑龙江省为邻，北和西北部以额尔古纳河为界与俄罗斯接壤，西和西南部同蒙古国交界，总面积 25.27 万平方公里，占自治区面积的 21.4%，占中国版图的 1/40，相当于山东省与江苏省两省面积之和。与俄罗斯、蒙古国有 1733.32 公里的边境线，其中中俄边界 1051.08 公里，中蒙边界 682.24 公里。2017 年常住人口 252.92 万人。2018 年地区生产总值（GDP）实现 1253 亿元。呼伦贝尔有湖泊、原始森林、丘陵草原、针叶林、温带阔叶林、草原与森林交界等各类地貌，四季分明，风景秀丽。内蒙古自治区 70% 水资源所在地,全市下辖 2 个市辖区、4 个旗、3 个自治旗、5 个县级市。

鄂温克旗是鄂温克族自治旗的简称，成立于 1958 年，隶属于呼伦贝尔市，是中国三个少数民族自治旗之一，是鄂温克民族实行

民族区域自治的地方。鄂温克族自治旗地处大兴安岭山地西北坡，处于大兴安岭山地向呼伦贝尔平原的过渡地段，地势由东南向西北倾斜，平均海拔高度800~1000米。东与牙克石市接壤，南同扎兰屯市、兴安盟的科右前旗交界，西和新巴尔虎左旗为邻，北邻海拉尔区、陈巴尔虎旗。全旗除北部偏东地区外，气候属中温带大陆性气候，年平均温度在–2.4℃~2.2℃之间。自治旗以鄂温克族为主体，由蒙古、汉、达斡尔等20多个民族组成，总人口约14.3万。2016年全旗辖4镇1乡5个苏木、44个嘎查；位于东经118°48′02″~121°09′25″，北纬47°32′50″~49°17′37″。全境东西宽173.25公里，南北长187.75公里，总面积19111平方公里，占呼伦贝尔市总面积的7.39%。

1.地质地貌

鄂温克旗位于大兴安岭山地西北坡，处于大兴安岭山地向呼伦贝尔高平原过渡地段，属高原型地貌区。境内中山、低山、丘陵、高平原地貌自然融为一体，地势由东南向西北逐渐倾斜。东南部山地属中山、低山地貌，山体走向多为北东向，最高海拔1706.6米，我国著名的大兴安岭山脉经过此处。中部为中山、低山丘陵地貌，是山地向高平原过渡地带，低山和丘陵相间分布，海拔为800~1000米，山顶和丘岗比较平坦，谷地比较开阔，河网密布，水源比较丰富。低山丘陵以西，是呼伦贝尔高平原的一部分，地面开阔平坦，稍有波状起伏，河流少、河水比较浅，河床宽浅曲折，形成开阔的河漫滩和河谷洼地。最低点位于旗政府所在地巴彦托海镇北河谷地带，海拔602米。

2.气候特点

鄂温克旗地处中高纬度，全旗大部属中温带大陆性草原气候，北部偏东地区属中温带季风性森林草原气候。冬季漫长寒冷，干燥多风，季平均气温 –20℃；夏季温和短促，降水较集中，季平均气温 19.7℃；春秋两季气候变化剧烈，昼夜温差大，降水少，多大风，天气变化复杂。整个区域的热量地势走向由东向西逐渐增加，年极端最高气温 37.7℃，年极端最低气温 –45℃ ~–47℃，年平均气温为 –2.4℃ ~2.2℃。年平均无霜期 100~120 天，最长年份 140 天，最短年份不到 100 天。初霜日一般在 9 月中旬。境内降水自东南向西北递减。一般年平均降水量 350 毫米，多集中于 7、8 月份，年平均蒸发量 1466.6 毫米；大部属半干旱区，北部偏东地区属半湿润区。光热资源丰富，年太阳总辐射量在 121~129 千卡 / 平方厘米，年均日照时间长达 2900 小时，大于等于 0℃积温 2354.9℃；夏季最长日照可达 16 小时，冬季最短日照时数 8 小时。风力大小受地形影响，常年风速自东南向西北逐渐增大，大部地区年平均风速在 4 米 / 秒以内，年平均大风天数 21~25 天。

3.水文环境和土地、生物、矿产资源

鄂温克旗水文地理属黑龙江流域额尔古纳河水域海拉尔河水系。最大的河流是伊敏河，全长 359.4 公里，有 258 条大小河溪汇入伊敏河；伊敏河在海拉尔区北部汇入海拉尔河。鄂温克旗土地总面积为 2798.5 万亩。其中森林面积 970.5 万亩，草原面积 1589.4 万亩，其他土地 238.6 万亩。

鄂温克旗境内野生植物有 74 科 298 属 682 种。其中主要饲用植物 38 科 170 属 414 种，饲用植物中优良牧草 7 种。木本植物 11 科 47 种，其中樟子松是鄂温克旗特色树种。经济价值较高的野生植物和名贵药材有黄芩、甘草、防风、玉竹、地榆、沙参、芍药、蕨菜、黄花菜、野韭菜、白蘑、山杏、红豆、越橘等。鄂温克旗境内生存走兽 49 种，其中列入国家保护的稀有动物 12 种，有马鹿、驼鹿、黄羊、黑熊、雪兔、猞猁、紫貉、旱獭等；飞禽 140 种，其

中受国家保护的鸟类49种，有天鹅、丹顶鹤、沙鸡、乌鸡、大雁、鹌鹑、鸿雁、百灵、杜鹃、白鸳、云雀、野鸡、野鸭等。

鄂温克旗矿产资源十分丰富，截至2013年已探明煤炭储量在103.12亿吨以上。还有铁矿、有色金属、建筑材料及石油、天然气、水晶、盐碱以及石油、铜、锌、铍、水晶、天然气、花岗岩石、大塑岩石、石灰岩等。

二、鄂温克旗的历史与文化

远古期的扎赉诺尔人创造了呼伦贝尔的原始文化，匈奴族统一北方草原，呼伦贝尔属于其三部领地之一。拓跋鲜卑神奇壁画传承民族信息，成吉思汗驰骋迎亲在这片草原。历朝历代此处都为抵御外侵、戍边觐见的重要地区。近代及现代战争史中，更是因地理位置重要及资源丰富成为了兵家必争战略要地，也是中俄蒙三国的交接地带。呼伦贝尔境内生活着汉、蒙古、回、满、朝鲜、达斡尔、俄罗斯、白、黎、锡伯、维吾尔、壮、鄂温克、鄂伦春等32个民族。在民族大团结的环境中，可以看到各民族在保持特色的同时，在语言、民俗、服装、建筑、生活习惯等方面的和谐融合。

鄂温克旗是以鄂温克族为区域自治民族、汉族占多数、多民族聚居的地方。截至2016年末，居住在鄂温克旗的少数民族25个，58969人，占总人口42.3%。鄂温克、蒙古、达斡尔、汉4个民族是鄂温克的世居民族。鄂温克族在10个苏木乡镇均有分布，根据

2010 年全国第六次人口普查，全旗鄂温克族 9237 人，占全国鄂温克族总人口的 29.92%、内蒙古自治区的 35.34%，呼伦贝尔市的 37.1%。全旗鄂温克族以巴彦托海镇居多，其次是辉苏木，最少是巴彦塔拉达斡尔民族乡，其中巴彦托海镇 3829 人，辉苏木 2034 人、伊敏苏木 1043 人、巴雁镇 954 人、锡尼河镇 784 人、伊敏河镇 451 人、巴彦塔拉达斡尔民族乡 142 人。

2018 年 8 月鄂温克族自治旗成立 60 周年，六十年风雨兼程，沧桑巨变。六十年来，在党的民族政策照耀下，鄂温克旗各族儿女心手相牵、共同谱写出民族团结、经济发展、文化繁荣、社会安定和谐的北疆绚丽蓝图。

1.历史演变

鄂温克族（旧称通古斯或索伦）是东北亚地区的一个民族，主要居住在内蒙古和黑龙江两省区，以及俄罗斯西伯利亚和蒙古国。清崇德八年（1643 年）12 月，沙俄从东西伯利亚地区入侵到

巴彦呼硕敖包

黑龙江，烧杀掳掠，战火蔓延，民不聊生，致使黑龙江一部分埃文基人（4900 人）得到清政府允许后，自顺治十年（1653 年）起背井离乡、渡江越岭，南迁至大兴安岭、嫩江流域地区居住。自嫩江支流讷莫尔河，经嫩江上中游向西南延伸至大兴安岭诺敏河、格尼河、阿伦河、音河，以及雅鲁河、济沁河、绰尔河、托信河山林地带。这是以后鄂温克人为何分散居住在如此广大地区的重要原因之一。康熙二十八年（1689 年）中俄签订《尼布楚条约》，规定额尔古纳河以西、外兴安岭以北的地区属俄国，外兴安岭以南、额尔古纳河以东地区包括库页岛属中国，虽然从法律上明确规定中俄两国的东段国界，肯定黑龙江、乌苏里江为中国的内河，但是额尔古纳河以西、外兴安岭以北定居的鄂温克人却划归了俄国，致使鄂温克人一分为二，成为中俄跨界民族。

鄂温克是鄂温克族的民族自称，其意思是“住在大山林中的人们”。虽然在以往的史籍中没有以“鄂温克”名称出现，但鄂温克族不论哪个部分都称自己是鄂温克人。共同的语言、心理、习俗，使之必然成为共同的民族。历史上，由于不断迁徙而形成鄂温克人居住分布地区不同，不同地区的鄂温克人曾被称为“索伦”“通古斯”和“雅库特”。“索伦”这一称谓，最早见于清天聪八年（1634 年）的《太宗实录》。历史上，被称为“索伦”的不仅包括鄂温克族，同时也包括达斡尔族，后达斡尔族逐渐从“索伦”分离出来。被称为“索伦”的鄂温克人，主要分布在呼和浩特市、海拉尔区、鄂温克旗、扎兰屯市、阿荣旗、莫力达瓦旗、鄂伦春旗、根河市以及黑龙江省讷河市、新疆维吾尔自治区塔城市等地。“通古斯”主要是对居住在陈巴尔虎旗的鄂温克人的称呼。在鄂温克旗的锡尼河流域也有一部分被称为“通古斯”的鄂温克人。“雅库特”是对根河市敖鲁古雅鄂温克族乡鄂温克人的称呼。这部分鄂温克人因曾在勒拿河流域与讲突厥语的雅库特人相邻而居，而被误称为

“雅库特”。1958 年 3 月 5 日，经自治区人民委员会批准，取消“索伦”“通古斯”和“雅库特”称呼，统一称为鄂温克族。

2.语言文字

鄂温克语属阿尔泰语系，通古斯语族，鄂温克语支，没有本民族文字，通用蒙古语和汉语。在过去研究和保护鄂温克族语言的基础上，2006 年，鄂温克旗民族宗教事务局成立鄂温克语培训季度，在旗民族幼儿园、旗第一实验小学、鄂温克中学开设鄂温克语学习班。

2009 年，鄂温克语被联合国教科文组织列入世界 18 种濒危语言行列。为进一步抢救保护鄂温克语，鄂温克旗民族宗教事务局编写并整理出鄂温克语教程，2011 年起全旗 12 所民族中小学开设鄂温克语教程。同年在鄂温克电视台开办《大家来学鄂温克语》栏目。

3.宗教信仰

鄂温克族原始崇拜包括“敖卓勒”神（祖先神）、“白那查”神（山神）、“托博如坎”神（火神）、“吉雅奇”神（牲畜之神）和“玛鲁”神等。鄂温克族群众多信仰萨满教。在远古时期，鄂温克人对于自然界中的种种现象不能给予科学的解释，把种种自然现象和人的生老病死，都认为是某种超人的力量和神灵在起作用。在这种万物有灵的思想基础上形成了鄂温克族以多神崇拜为内容，以一定的祭祀活动为表现形式的萨满教。“萨满”在群众中享有很高的威信。“萨满”称谓来源于古代鄂温克语，意为“狂欢、激动、不安的人”，有知晓通晓的意思。“萨满”被认为可以交往于人与神灵之间，能以法术的力量，为病人驱鬼治病，为猎人祈福降恩。鄂温克族中的每个氏族或大家族中，都有“萨满”。新“萨满”一般要在老“萨满”去世后三年再出。“萨满”的继承人通常是老“萨满”的子女或近亲。

瑟宾节上的萨满表演

4.民族艺术

民间音乐方面，鄂温克族民歌是民间文学的重要载体，反映了社会生活方面的内容，题材多样，带有浓郁的民族传统道德观念和不同地域不同部落经济文化生活的鲜明色彩。鄂温克族民歌的内容很广，涉及民族历史、生产劳动、社会交往、爱情婚姻、思念家乡、歌颂生活、抨击邪恶的内容。这些众多的民歌中，有的有固定的词曲，有的根据不同场景、不同心境即兴填词，也有一些民歌可用于伴集体舞，在欢聚的篝火晚会、喜庆节日民间舞会上，歌唱起到烘托气氛、统一舞蹈步调、交流情感的重要作用。鄂温克民歌讲究押头韵，同样也是优美的诗，歌咏起来十分上口。歌与诗、舞浑然一体，是鄂温克族民歌的一个特点。由于鄂温克族居住地区的分散，各地的“扎恩达勒”的曲调和风格也不尽相同。由于长期与达斡尔、鄂伦春、蒙古等兄弟民族在生活上有密切的交往，使之民歌的有些曲调也互受影响，基本相似。流传在牧区的民歌接近蒙古族的长调，悠扬高亢，流畅抒情。民间舞蹈方面，鄂温克民族在节庆之日都要尽情欢歌跳舞，表达喜悦之情，平时娱乐活动也不可或缺，鄂温克族所有舞蹈均为模仿自然界各

瑟宾节上排队的群众祭祀敖包

种动物的动作和叫声为基本元素。传统的民间舞有“熊斗舞”“爱达热舞”“斡日切舞”（天鹅湖）等。民族工艺方面，鄂温克族民族工艺包括刺绣、剪纸、雕刻、桦皮工艺、摇篮等。

5.民族风俗

生活风俗。饮食方面，鄂温克族是一个古老的森林民族，在漫长的历史岁月中，创造了灿烂的饮食文化，形成了独具特色的饮食特点。居住在鄂温克旗的鄂温克族主要从事畜牧业，他们讲究喝奶茶，早餐和午餐都要喝奶茶，再吃些自制面包或油炸点心，所以把这两餐也称为“喝茶”。牧区鄂温克族奶食较多，品种有酸奶、稀奶油、奶油、奶干（阿日奇）、熟奶皮（乌如木）、奶豆腐等。牧区鄂温克族的饮食以肉食为主，米面为辅，肉食以牛羊肉为多，也有马肉、骆驼肉、黄羊肉和狍子肉，食用方法有煮“手扒肉其他沙”、晒肉干、肉汤煮面等。服饰方面，鄂温克族索伦、通古斯、使鹿三个部落的服饰，受其所生产生活环境的影响，三个部落的服饰各自有明显的特点。索伦鄂温克从森林里走出来，走向大草原后，逐渐适应草原的气候和生活，并受蒙古族服饰的影响，服饰的材料由森林中的兽皮改变为羊皮、布匹、丝绸等。使鹿鄂温克服饰从前多是兽皮制作，上衣统称为“波利套”，裤子统称为“依试单”，短裤叫“和乐尅”。通古斯鄂温克人在长期的狩猎和游牧相结合的生产生活中，创造了适合自然环境和生产生活方式的一整套独具特色的服饰，包括四季常服和盛装，通古斯男子、女子四季套装包括嘎嘎查（特尔里克）、哈拉特（女子）、浩日玛奇（女子）、库日莫、朝巴、达库、笄（德伯勒），冬季还要佩戴“套如”（宝日库布其）或靠克勒得（手套）。居住方面，鄂温克人称住房为“纠”，生活在牧区的鄂温克族从前也有过类似“撮罗子”的住房，外面用苇子或毡子苫盖，也有居住土房和“木刻楞”式板房的，但多数人家以住“俄儒格纠”（蒙古包）为主。交通方面，鄂温克人最早是居住在山林，索伦鄂温克人在大兴安岭南麓和小兴安岭山阳一带，这里山峦叠翠、沟壑遍地、江河纵横、森林深密。使鹿鄂温克人，游猎于大兴安岭腹地，居无定所，休无故地，每走一步都是新的创举。而通古斯鄂温克，沿莫勒格尔河游牧，这里有沼泽，有平原，也有丘陵，茫茫草地，荒无人烟。由于鄂温克人历史上所居之地交通不便，随之就有了适于该地区生产方式所需要的交通工具。包括索伦马、篷车、牛粪车、雪橇、桦皮船、独木舟。生活在鄂温克旗牧区的鄂温克族，除了以骑马代步外，主要以车为交通工具。其中大轮车是传统的运输工具，鄂温克人创造发明了大轱辘车，同时起名为“特额日根”。20世纪70年代，已用汽车、拖拉机为运输力，到80年代，用摩托车代马而行已是常事。现在，鄂温克族所在地区交通运输事业有了很大发展，不但有了发达畅通的铁路、公路，而且在鄂温克族牧民家中还大量拥有了汽车、小型拖拉机、摩托车等现代交通运输工具。

鄂温克原始居住的
桦树皮撮罗子

敖鲁古雅驯鹿

6.婚丧风俗

鄂温克人的婚姻是一夫一妻制。鄂温克人绝对禁止同一氏族内通婚。那哈他、涂格敦、杜拉尔，这三个姓氏间都可以通婚，但同姓的男女绝对禁止结婚。鄂温克族一般对死者进行土葬，过去在部分鄂温克族地区曾有过风葬和火葬的习俗，同一氏族有共同的墓地，但死于雷击、难产、枪击的人不葬入共同的墓地。

7.节庆和礼仪

鄂温克族的节庆有春节、清明节、“米阔鲁”节、瑟宾节、敖包会等节日。春节是鄂温克族最重要的节日，称“阿捏”，从农历腊月（十二月）二十三开始，直到第二年的农历正月（一月）十六才算结束。清明节鄂温克语叫“汉西”，这天主要是祭奠死去的先人，备菜、酒和乳肉食物向坟地扔洒，并用金银箔纸制成元宝和日、月烧掉。“米阔鲁”节是鄂温克人的丰收节，从事畜牧业生产的部分鄂温克人则将“米阔鲁”节称为“伊木讷”。瑟宾节是鄂温克族古老的节日，瑟宾词源是鄂温克语，其含义是吉祥如意、欢乐祥和之意，每年6月18日是全国鄂温克族的节日。鄂温克族非常讲究礼仪，老年人在社会上受到普遍尊敬。年轻人出远门归来或在外遇见老年人或长辈时，要行屈膝请安礼，并敬烟;如果路上相遇，要下马或下车向老人请安问好;无论是在“撮罗子”里、毡包里，还是在土木结构的住房里，座位铺位都讲究长幼有序，以长者为尊；平时长辈老人来串门访问，年轻人要起立让座，行装烟礼；长辈们交谈时，年轻人不得随便插话；平时

布里亚特婚礼场景

出入屋门，要礼让长辈老人在先；吃饭时，在长辈动筷后，晚辈才可动筷用餐；鄂温克族还把平辈之间和睦相处，关心爱护幼儿，邻里互相帮助，对于有困难的人给予帮助，作为传统美德和礼仪习惯；鄂温克族讲究热情礼貌待客，常说“外来的人不会背自己的房子走”，客人来到时，向客人问候并热情地让进屋里；对外来客人，无论是年轻的还是长者，都要端茶敬烟；在牧区，要向客人敬奶茶，用奶食品、酒肉招待，希望来客不要见外、客气；到别人家做客时，也要考虑自己的身份，问候主人家的长辈老人，尊重主人的习惯。

三、鄂温克旗经济社会发展

截至2017年末，呼伦贝尔市地区生产总值（GDP）实现1185.86亿元，人均地区生产总值（GDP）46901元，其中第一产业增加值249.45亿元，第二产业增加值356.11亿元，第三产业增加值580.29亿元。三次产业结构比例为21.1 ∶ 30.0 ∶ 48.9。全市地方财政总收入160.68亿元，一般公共预算支出433.96亿元。

2017年鄂温克旗地区生产总值完成100.5亿元，按可比价格计算同比增长5.0%。其中：第一产业增加值完成7.2亿元，同比增长3.5%；第二产业增加值完成64.7亿元，同比增长6.1%；第二产业中工业增加值完成55.5亿元，同比增长6.4%。建筑业增加值完成9.1亿元，同比增长4.2%；第三产业增加值完成28.7亿元，同比增长2.7%。人均GDP为72316元，同比增长5.4%；2017年实现社会消费品零售总额18.9亿元，同比增长8.0%。

鄂温克旗境内驻有华能伊敏煤电有限责任公司、神华大雁能源集团、红花尔基林业局、内蒙古通大煤业公司等国有大型企业。自治旗先后获得“全国文明旗县城”“全国文化先进县”“中国旅游强县”“全国体育先进县”“全国民族团结进步模范单位”“全国中蒙医工作先进县”“全国民间文化歌舞艺术之乡”“全国文物工作先进县”和“全区双拥模范旗”等荣誉称号。“全国生态旗”建设通过国家环保部验收。在 2014 年中央民族工作会议暨国务院第六次全国民族团结进步表彰大会上被授予“全国民族团结进步模范集体”。

1.农牧业

截至 2017 年末，全旗牲畜总头数为 68.5 万头（只），增长 4.0%；鲜奶总产量达 17 万吨，增长 10.4%；肉类总产量达 1.9 万吨，增长 0.3%。全旗农作物播种面积为 24874 公顷，增长 6.2%。农牧业机械总动力 20.22 万千瓦。农牧业机械总值为 25337 万元；农牧业机械净值为 22012 万元；全年农用化肥施用量（折纯）3859 吨；牧区用电量 949 万千瓦时。

2.工业和固定资产投资

2017 年，12 户规模以上工业企业累计实现工业总产值 87.96 亿元，同比增长 9.9%。原煤产量 3452.46 万吨，发电量 192.42 亿千瓦小时，液体乳 4780.99 吨，固体及半固体乳制品 875.21 吨，全部工业增加值完成 55.54 亿元，同比增长 6.4%，全旗规模以上工业增加值增速为 6.4%，高于全市增速 6.1 个百分点，增速位居全市第 2 位。2017 年限额以上固定资产投资完成 48.6 亿元，同比下降 32.7%。其中工业固定资产投资完成 27.2 亿元，同比增长 43.8%。

3.财政、金融和保险业

2017 年财政总收入完成 21.1 亿元，其中地方财政收入完成 20.96 亿元；财政总支出完成 22 亿元，其中公共财政预算支出完成 20.79 亿元。

冬季那达慕上的牧民表演

截至2017年末，金融机构各项存款余额为74.87亿元，各项贷款余额为86.52亿元。城乡居民储蓄存款为46.3亿元，全旗人均储蓄存款达33404元。2017年全旗保险总收入为7808万元，其中财产保险收入4315万元，人寿保险收入3493万元。

4.人均收入

2017年城镇常住居民人均可支配收入为29148元，人均生活消费性支出14831元，城镇居民恩格尔系数为30.4%。牧区常住居民人均可支配收入达20581元，人均生活消费性支出10183元，牧民恩格尔系数33.0%。

第二章

十年经营业绩

鄂温克包商村镇银行由包商银行发起，成立于2009年，是经中国银行业监督管理委员会及其派出机构依法批准设立的新型农村金融机构，是全国首家进驻少数民族自治县域的村镇银行，是全国唯一专注牧区服务的村镇银行，同时也是呼伦贝尔市第一家村镇银行。鄂温克包商村镇银行于2009年4月10日正式开业运营，初始注册资本500万元，当前注册资本8000万元，包商银行出资占比84.4375%。

鄂温克包商村镇银行成立以来，以“马背银行，筑梦草原”为使命，以做全国最好的牧业金融机构为愿景，践行普惠金融理念，不断强化牧民客户、小微企业、贫弱群体的普惠金融服务供给，扩大覆盖面，致力于改善牧区贫弱群体的融资条件；针对牧民、合作社、小微企业等不同贫弱群体制定金融服务，填补市场空白；倡导商业绩效和社会绩效均衡发展，重视非金融性服务的拓展覆盖，深入牧区开展金融扫盲，推选典型示范户，引导各民族群众积累良好的信用；落实“精准扶贫”政策；切实担当社会责任，致力于民族地区普惠金融事业，做好边疆、少数民族地区和弱势群体的金融服务补短板工程，维护边疆地区社会稳定、促进落后地区经济发展，民族团结创建工作取得阶段性发展，自身也走出了一条差异化发展的特色之路。

一、支持三农三牧

鄂温克包商村镇银行始终坚持为农牧业、农牧民和农村牧区经济发展服务的宗旨，加大信贷支农力度，为农村牧区经济发展提供了有力的金融和服务支持；不断创新服务模式，积极组织服务队深入农村牧区，向牧民发放业务资料，广泛宣传相关业务的适用范围、准入条件及担保、期限、利率和业务流程；开创性提出“牛羊在，贷款安”的牧区信贷新理念，为从根本上解决牧区牧民融资难题不断探索出路。多年来涉农贷款比例保持在90%以上，累放涉农贷款近30亿元，超过2万笔，最大限度地支持了当地经济建设。

2015年至2017年，内蒙古东北部草原连续遭遇历史罕见特大旱灾时，鄂温克包商村镇银行响应党和政府号召，主动持续加大信贷投放，保障牧区生产、生活秩序，以实际行动担当了社会责任。针对牧区群众金融认识层次有限的问题，投入大量的人力和精力，深入牧区开展金融扫盲，义务组织讲座和宣传，普及金融知识，推选典型示范户，引导牧民积累良好的信用；先后两次发布《社会责任报告》，创同类机构先河，表达合格企业公民的基本社会责任认知和担当；参与发起设立“贫困地区金融服务联盟”，致力于提高贫困地区金融服务水平，改善生产生活质量，为牧区经济发展繁荣积极贡献力量；承办“内蒙古牧区金融服务万里行”活动，通过实地深入考察，全面了解内蒙古少数民族边疆牧区金融服务业务发展情况等，发现问题及不足，总结经验及做法，为完善内蒙古金融服务体系和功能，增强牧区金融机构可持续发展的能力做出积极贡献。

鄂温克包商村镇银行于2012年、2014年、2015年、2016年四年获得监管二级村镇银行。几年来，先后荣获鄂温克旗、呼伦贝尔市、自治区及全国几十项奖励及荣誉，包括中国银行业协会（花旗）微型创业奖“2013年度微型金融机构奖”；“中国金融机

布里亚特牧民的家庭劳动

构金牌奖”之2014“年度最佳村镇银行”；“中国服务县域经济十佳村镇银行”（中国县域经济年会等主办，2013至2015连续3年）、第三届中国农村金融“十大品牌创新产品”（社科院农发所等）、内蒙古自治区人民政府“2013年度支持县域经济发展突出贡献奖”、2014年度金融支持民生贡献奖；内蒙古自治区、呼伦贝尔市2013年度“五一劳动奖状”；内蒙古银行业协会（2003—2012）“最佳社会责任特殊贡献网点奖”、2014年度内蒙古银行业服务“三农三牧”创新金融产品奖，呼伦贝尔市银行业“文明规范服务示范单位”、2015年度“中国服务县域经济十佳村镇银行”、2017年度内蒙古自治区“民族团结进步模范集体”等称号。

二、支持小微企业，支持实体经济

为适应当地客户群体情况，解决抵押难、贷款难问题，鄂温克包商村镇银行于2012年起积极引进国际先进的微贷项目，开发针对个体工商户的无抵押微贷产品，即“塔拉微贷”。由此，银行成为了当地第一家办理无抵押小微贷款的金融机构，不仅满足了个体工商户的信贷需求，还填补了当地金融服务的空白。鄂温克包商

牧民客户希都日古荣获中国银行业协会（花旗）微型创业奖

村镇银行始终坚持服务小微企业，对小微企业贷款逐年增加，2011年小微企业贷款余额仅为300万元，2013年就达到1.29亿元，截至2018年末小微企业贷款余额升至3.41亿元。对于以农牧业传统经济为主的地区，支持小微企业的力度达到银行贷款余额占比的近30%。对于当地有限的小微企业市场和经济发展给予了有力的支持。

图2.1 2011~2018年小微企业贷款情况

三、十年经营指标概述

1.总资产

鄂温克包商村镇银行各项资产历年走势呈稳步上升趋势，2009年开业当年资产总额为4334万元，2016年资产总额突破10亿元，截至2018年末资产总额达到11.54亿元。其中贷款占比80%以上。自成立以来，各项贷款业务发展迅速，贷款规模不断扩大，各项资产稳步上升。

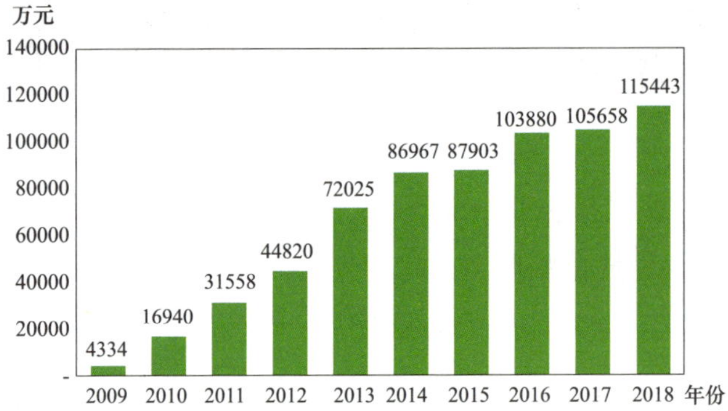

图2.2　2009~2018年资产总计变化情况

2.总负债

鄂温克包商村镇银行各项负债历年呈总体上升趋势，2009年负债总额为4000万元，截至2018年末负债总额达到10.22亿元。负债总额在成立初期整体增长较快，最近四年增长速度相对平稳，负债主要构成有：各项存款、同业存款及中央银行借款。其中各项存款占主要成分，且处于不断上升趋势。

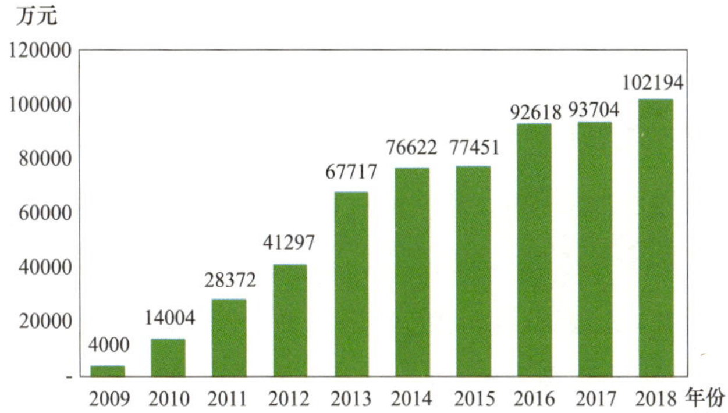

图2.3　2009~2018年负债总计变化情况

3.存款

鄂温克包商村镇银行各项存款同样呈不断上升趋势，2009 年存款余额为 3994 万元，截至 2018 年末存款余额达到 7.66 亿元。初期存款增速较快，自 2014 年起，存款以平均 12% 的速度增长，可以看出随着银行在当地的不断发展，社会公信力及影响力都在不断增加，居民信赖程度也在不断提高，各项存款能够始终保持增长趋势。

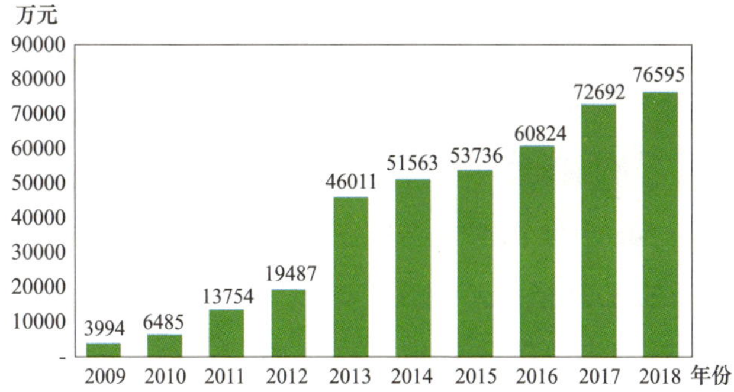

图2.4　2009~2018年存款余额变化情况

在存款结构方面，2009年储蓄存款为1571万元，占比39.33%，对公存款为2423万元，占比60.67%，截至2018年末对公存款为5027万元，占比仅为6.56%，储蓄存款为7.16亿元，占比达到93.44%。自2012年开始，储蓄存款始终处于决定性比例，2012年储蓄存款达到1.69亿元，占比攀升至86.62%，对公存款仅为2608万元，占比13.38%。2014年以后，储蓄存款占存款余额的比重直接提高至90%以上。对公存款一直是银行存款业务中的短板，虽然已经采取一定措施，但仍处于劣势，与属地其他农村中小金融机构差距明显。

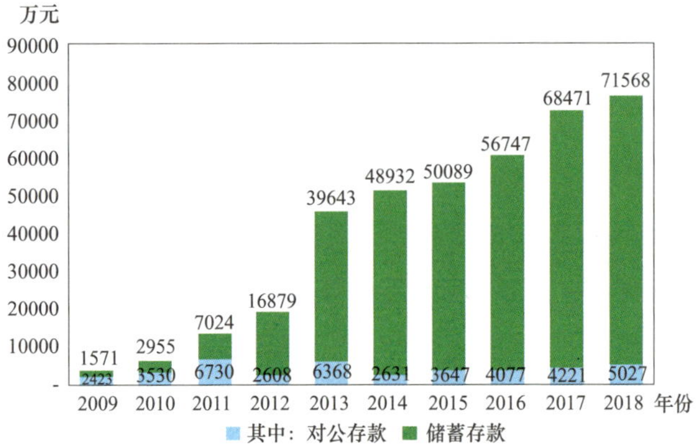

图2.5　2009~2018年存款结构变化情况

4.贷款

鄂温克包商村镇银行各项贷款总体呈不断上升趋势，2009年贷款余额为848万元，截至2018年末贷款余额达到10.07亿元，累计发放贷款37.9亿元。贷款增速在2013年以前均保持大幅提升态势，平均每年增速在89%左右。2014年以后贷款增速开始放缓，但贷款总量较上年仍有所增长。

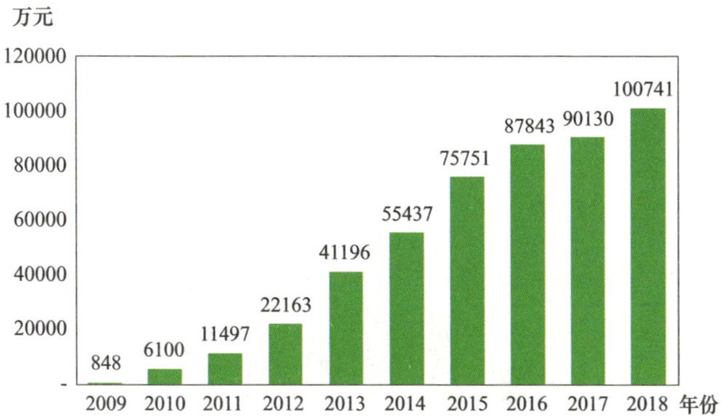

图2.6　2009~2018年贷款余额变化情况

在存量贷款户数方面，2009 年贷款户数仅为 58 户，截至 2018 年末贷款存量数达到 6587 户。银行主要放款原则为小额、分散，贷款额度小，户数多，贷款户数最高于 2016 年达到 7891 户。

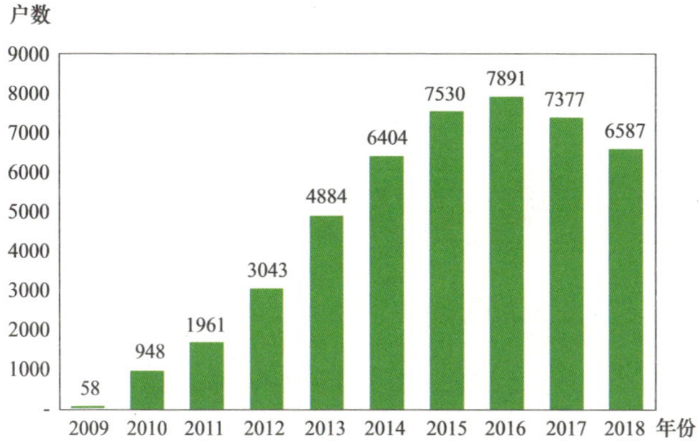

图2.7　2009~2018年存款存量户数变化情况

在当年贷款累放方面，2009 年仅为 888 万元，截至 2018 年末则达到 7.56 亿元。前期大幅度增长，后期相对平稳，与各项贷款余额增长相匹配，当年新发放贷款金额占存量余额比例 60% 以上。

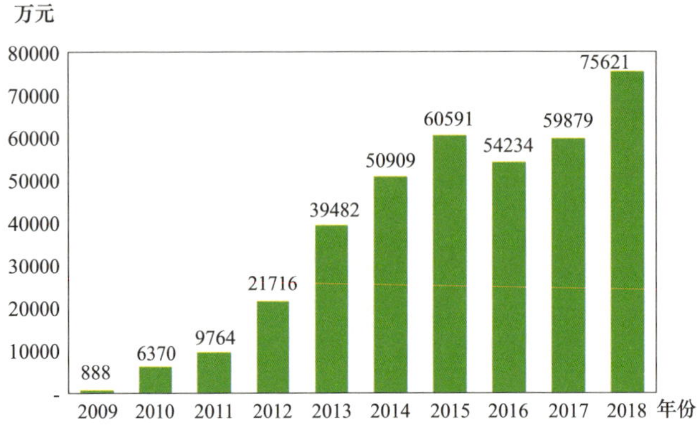

图2.8　2009~2018年贷款当年累放情况

在不良贷款方面，历经10年的业务沉淀，不良信贷资产略有显现，自2013年起开始出现不良贷款，逐年上升，截至2018年末，不良贷款率达2.94%。

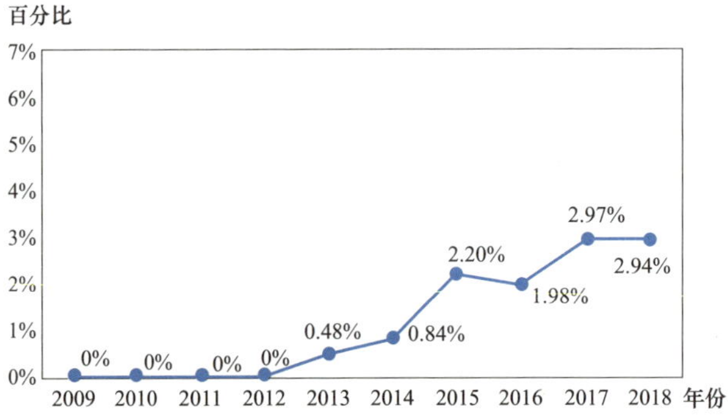

图2.9　2009~2018年不良贷款率走势图

5.利润指标

从利润完成情况看，鄂温克包商村镇银行除开业第一年利润为负值以外，其他年份净利润均为正值，基本保持持续增长态势，截至2018年末净利润达到1306万元。

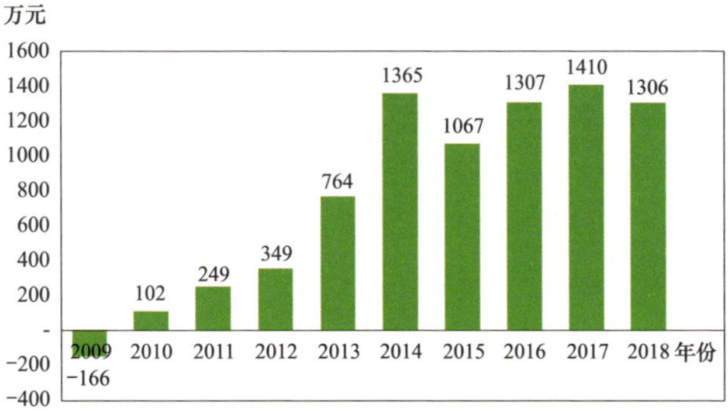

图2.10 2009~2018年当年实现净利润情况

第三章

银行的机制建设：公司治理与风控

公司治理是伴随公司制而产生的，并随着公司类型的不断丰富、公司体量的日益增大、公司利益关系的日益复杂，而变得越来越多样化，公司治理对现代企业的发展影响也越来越大。一个优秀的企业不仅要有远大的企业愿景，先进的企业文化，明确的经营目标，多样化的产品体系，畅通的信息共享体系，更要有合理的公司治理体系来处理公司内部不同利益主体之间的矛盾与分歧，实现利益的平衡与合理分配，并建立有效的激励和约束体系。公司治理体系可以说是一个企业最为重要的内原动力，它决定了公司能否团结一心，不断前行；它决定了公司能否群策群力，共渡难关;它决定了公司能否不断创新,不断进化。一个优秀的企业，一个能够适应外部环境的企业，一个具有强大统一意志的企业离不开合理而高效的公司治理体系。

鄂温克包商村镇银行创立以来，不断在实践中探索适合自己的公司治理模式，不断丰富和创新公司治理体系，至今已经形成了一套适应马背银行发展，体现马背银行特色，集法人治理结构、银行管理架构、风险控制程序、薪酬考核机制、审贷分离制度以及贷后调查系统六位一体的综合性现代化公司治理体系。

一、公司治理理论

公司治理是一个极为宽泛又包含丰富内涵的概念，从狭义上讲，公司治理体系的建设是为了实现公司资本供给者能够获得足够的预期收益，通过治理机关设置，规章制度拟定来划分股东会、董事会、经理的权力边界，确定利润分配模式，解决公司内部的所有权结构、产权以及委托—代理问题。从广义上来讲，公司治理体系不仅仅涉及公司所有者的利润实现与分配，其更是包括公司内部的诸多利益主体（股东、贷款人、管理者以及员工等），通过制度化的手段对不同利益主体权、责、利关系进行合理的设计与分配，形成合理而有效的决策机制、监督机制以及激励机制，确保公司能够有效解决分歧，充分凝聚力量，实现合理分配。公司治理体系的主要内容包括：物质资本所有者、人力资本所有者以及利益相关者的控制权和剩余索取权的划分；公司董事会、经理以及员工的监督与评价；公司的激励与约束机制设计；处理问题与分歧的决策机制等。公司治理体系的主要目标包括：确保股东的利益和权力得到保障；确保能够做出合理的决策；确保管理者有足够的权力和自由来管理企业；确保能够有效地监督和控制管理者的行为；确保员工的绩效能够得到正确的评估；确保有合理的激励与约束机制来激励和约束员工的工作。

1.公司治理体系的作用

（1）明确主体

由于股份制的不断发展，所有权和经营权的分离，使得现代的公司无论从利益主体的多样性还是权力的配置来看，其涉及到的各种联系都格外错综复杂，权利与义务的边界也不再是泾渭分明。而这种复杂的关系，往往容易导致不同利益主体之间仅仅重视自身利益而不顾全局利益，权力滥用，无法确认责任与义务，从而导致公司日常运营的混乱与冲突。而通过公司治理体系的建设，通过规章制度，可以明确公司运营中的各种主体，使得不同利益主体的利益得到合理的分配，不同主体的权力边界得到规范与划分，不同的问题可以得到有效的追责和改正。

（2）民主决策

公司的运营简单来讲，就是做出决策，设定目标，执行计划，控制和监督计划的实行，最后将获得的利润进行分配。因此能够做出正确而合理的决策，是确保公司正常运营的第一步也是最为重要的一步。而公司治理体系必须能够设计出合理的制度，使得公司中的不同主体能够参与到决策的制定中去，集思广益，协调各方利益，确保做出有效的决策；同时公司治理体系也要确保有合理的制度来解决在决策过程中产生的分歧与冲突，确保公司内部能够通过沟通和协调迅速达成共识。

（3）相互监督

在公司的治理过程中，不仅要明确划分不同主体的权力与责任的边界，更要有合理的制度来监督和制衡不同主体的权力运用。如果没有健全的监督机制，那么在权力运用的过程中，往往会导致利益主体只顾个人利益，而采取一些机会主义的行为，从而使公司整体利益受到损害；同时没有健全的监督机制，在公司运营过程中发生的问题就不能得到及时的发现和补救。因此公司治理体系的建设必须能够保证监督机制可以有效运行，确保权力能够合理运用，责任能够正确追责，问题能够及时发现。

（4）信息沟通

由于现代公司的规模往往比较大，公司所覆盖的区域无论是时间上还是空间上都十分广泛，同时公司的不同利益主体在分布上也十分复杂，因此这在客观上就对公司的信息沟通造成了极大的障碍，极易产生“信息孤岛”，使得公司的决策、计划、制度安排等等各种信息无法顺畅地在各个部门间得到传达。而如果信息沟通出现问题，那么就会导致公司的政策被误解，公司的决策无法贯彻，出现的问题无法及时反馈，发生的分歧和冲突无法得到及时的协调。因此公司治理体系的建设必须能够建立通畅的信息沟通渠道，确保信息不仅能够在各部门、各子公司，也能够在不同利益主体之间进行交换和沟通，做到信息准确，沟通有效，传达快速，反馈及时。

（5）绩效评估

公司治理体系的实施离不开对公司不同利益主体、不同部门的绩效考核与评估，只有明确了各个主体的绩效，才能判断出决策是否合理，权力是否得到有效运用，管理者和员工的工作是否得到有效的激励和约束。因此公司治理体系必须设计出合理的绩效评估制度，确保绩效评估有针对性、准确性以及及时性，能够正确反映公司不同主体的绩效水平，使得公司的日常运营和调整有科学的信息可以依靠，公司的目标设定有明确的数据进行参考，员工的激励约束机制有令人信服的指标加以实施。

（6）利润分配

在公司治理体系框架下的利润分配不同于一般意义上的利润分配，它不是一种利润分配的方式，而是更加强调通过制度如何确保公司获得预期的利润并保障利润得到合理而又有效的分配。公司治理体系首先必须能够保障利润目标得以实现，即确保公司的决策制定完毕之后，管理人员与普通员工能坚决落实决策计划，不会因个人利益而损失公司的整体利益；其次公司治理必须能够保障利润分配的公平和公正，避免相关利益主体利用自身权力之便侵吞公司所得利润。

2.公司治理体系的建设要求

（1）明确建设目标

公司治理体系的建设，首先必须要明确公司治理体系所要达成的目标是什么。有了明确的目标，然后通过相应的制度设计，规划实现治理体系目标的路径，才能保证整个治理体系是合理而又有效的。目标主要可以分为两个层次，第一个层次是总目标，是治理体系最终要实现的结果，就一般而言，治理体系应该实现的总目标是保证公司的运营能够实现预期的利润和实现公司长远的发展;同时在总目标的基础上,治理体系又将细化出若干分目标,来针对公司运营中的不同细节,例如:如何确定股东会,董事会的权力划分以及决策办法,如何监督公司的日常运用以及如何激励和约束员工的工作等等。总目标和分目标是相辅相成的,总目标起到提纲挈领的作用,是治理体系建设需要达成的最终结果和目的,而分目标是总目标的补充和细化,是保障总目标得以实现的基础。在进行公司治理体系建设时,只有明确了建设的目标,才能做到有的放矢,才能避免资源的浪费。

(2)适应公司特点

公司治理体系的结构并没有完全固定的形式,虽然治理体系的框架大体相同,但是其内部的细节必须根据公司股东的特点、所处行业、所处地区进行适当的调整和改变。但是所谓的适应公司的特点,并不代表治理体系的建设就可以任性而为,其必须依据科学的理论研究,以理论研究的成果作为调整的原则。首先,董事会结构和规模的设置必须适应公司特点,使其既能代表大部分股东的意见和利益,又能在决策和协调上迅速达成一致。其次,管理体系的设置要适应公司特点,保证管理人员有一定的独立性和自由性,可以充分发挥自身的管理才能,同时又要避免委托—代理问题的发生,避免管理人员只顾个人利益而损害公司利益。最后,规章制度的制定要适应公司特点,要确保制度的设计能够最大程度地提升公司的绩效,减少对公司日常运营的阻碍,降低公司日常运营的风险。

(3)反映利益主体诉求

公司经营的最终目的是实现股东利益最大化,而公司治理体系作为公司管理和运营的规章制度,其目标也是为了确保公司利益主体的利益得到保障,因此公司治理体系的设计必须能够反映利益主体的诉求。在现代股份制公司制度下,资本所有者可以通过投资或者交易,将资金注入公司,成为公司的股东,这一方面使得公司的规模和实力得到壮大，但是另一方面也使得公司的成分变得多样化，公司内部的利益主体变得更加复杂化，不同利益主体的诉求也不一致。因此公司治理体系的建设中，必须要考虑不同利益主体的特点，做到能够全面反映不同利益主体的诉求，保证利益主体的合理诉求能够得到满足，保证利益主体的权力得以实施，保证利益主体在公司决策和利润分配中能够得到公平的待遇。同时，公司治理体系设计也必须能够保证利益主体的合理诉求能够得到声张，不同利益主体能够在公司治理中有发言权，当不同利益主体的诉求产生冲突和矛盾时，能有有效的沟通和协调方法，迅速达成一致。只有这样，才能凝聚公司的力量，避免公司内部的个人主义和机会主义对公司发展造成影响。

（4）不断创新发展

体系和制度没有一成不变的，必须能够适应环境的变化，做到与时俱进，而这种不断创新的思想也必须渗透进公司治理体系的建设中去。公司作为一个动态的主体，一方面，其所处的外部环境，例如宏观经济状况，行业发展状况以及法律法规状况等都是在不断变化着的，公司治理体系作为一个公司运营和发展的核心管理机制，其必须能够敏感地察觉这些外部环境的变化并进行适应性的调整；另一方面，公司内部的股东、董事、管理人员以及普通员工其组成成分也是在不断变化中的，公司治理体系作为最终目的是保障不同利益主体的利益以及体现不同利益主体诉求的制度，其必须能够及时地反映利益主体的变化和发展。同时，作为制度本身而言，没有任何制度从设计之初就是完美的、没有任何缺点的，任何制度都需要在实践中磨合、总结经验并不断地进行改进，才能保证制度是合理有效的。因此公司治理体系的建设也必须注重创新和发展，只有这样才能保证其既能适应环境的变化，也能不断完善自身。

（5）坚决贯彻落实

再完善的制度，如果没有得到贯彻和落实，那么其将毫无意义可言。因此公司治理体系的建设，不仅要将精力放在如何建设和设计合理的制度上去，同时也要将精力放在贯彻落实中去。要想贯彻落实公司治理体系，首先，公司的高层必须起到模范带头作用。公司的董事会以及管理人员往往都拥有着比较大的权力以及自由度，其行为对公司的日常管理有着十分重大的影响，其本身也难以受到制度的约束，因此只有公司高层带头遵守公司治理体系的规章制度，这样才能体现公司治理体系的重要性和严肃性。其次，必须建立健全监督体制来保证公司治理体系能够顺利贯彻落实，并通过监督体制来规范公司内部的行为确保日常运营都是依照制度和规定执行，同时监督体制也能发现没有遵守和落实治理体系的行为，并督促其改正。

二、马背银行公司治理体系

经过多年的实践与探索，鄂温克包商村镇银行逐渐形成了一套合乎现代公司制度，注重权力制衡，具有银行特色，完善而又高效的公司治理体系，其主要组成包括：统筹战略的决策机制；注重信息传递和快速响应的扁平化管理架构；兼具监督与风险管理的风险控制程序；全面的绩效评价体系；审贷分离的控制制度；贷后追踪调查系统。

1.决策权与经营权相分离

鄂温克包商村镇银行严格按照现代企业制度“职责明确、协调运转、有效制衡”的要求，建立了以董事会、股东大会和高级管理层为主体的规范的“两会一层”法人治理结构，实现决策权

创立大会暨第一届董事会第一次会议

和经营权相分离。董事会对股东会汇报，经营层对董事会汇报；按照《公司章程》和《公司法》要求，定期召开董事会、股东会，董事会、股东会在各自的权责范围内决议各类重大经营管理议案；董事会下设战略委员会、风险委员会、薪酬与考核委员会、信息科技委员会、三农三牧委员会、审计委员会、消费者权益保护工作关联交易委员会、专家指导委员会。董事会不直接参与经营，通过重大事项决策，在战略方向、重大经营决策、机构设置、组织架构设置、高管选任、经营管理制度制订等方面，对全行进行管理；同时，还健全完善了相关组织规则、议事规则、决策程序和工作制度，充分的授权、有效制衡监督，形成了权责明确、规范有效、运转有序的法人治理机制。

2.规范化小银行管理架构

根据国际现代化企业管理模式，深入结合牧区业务发展需求，经过前后五次调整和完善，鄂温克包商村镇银行建立了内部机构健全、高效以及合理的扁平化、条线化管理组织架构，同时把全行所有部门按照信贷、营业以及行政划分成三条线来进行管理。银行内设部门 12 个，包括一个营业部、四个信贷业务经营部门（塔拉微贷部、企业金融部、牧业金融部、资产保全中心）、两个业务管理部门（信贷管理部、运营管理部）、五个综合管理部门（计划财务部、风险合规部、行政事务部、董事会办公室、审计部）。现有 5 个支行，每个支行设立信贷业务部和营业部。组织架构图如下：

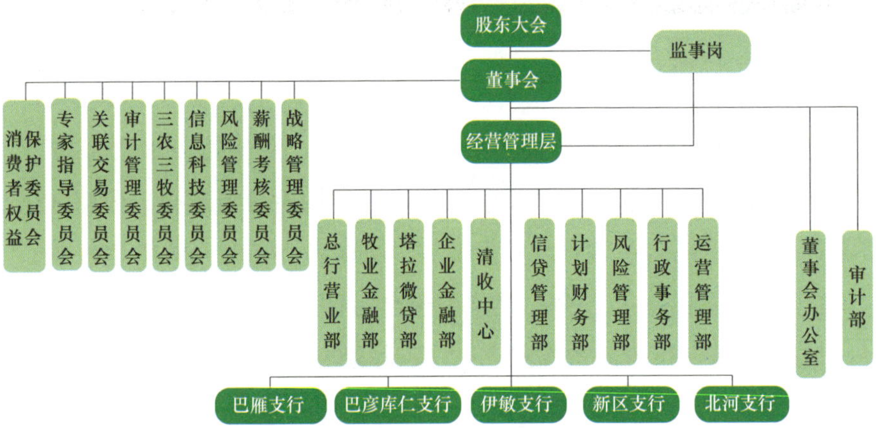

经营管理层对总行各部门和营业网点进行直接管理，各网点实施联网实时监控，可在任一网点实时查看其他网点的工作情况，防范风险。这样的组织架构缩短了决策链条，加强了管控力度，建立了专业化、垂直化的精品村镇银行的经营服务格局。董事会办公室和审计部由董事长分管。在此组织结构下，内审部门具有相对的独立性和权威性，能够在排除各类外部干扰的情况下，认真履行审计职能，独立发表审计意见，能够更加彻底地发现在经营过程存在的问题及不足。

3.薪酬激励绩效考核体系

2015年鄂温克包商村镇银行制定了《高级管理人员绩效考核办法》《绩效面谈暂行办法》等，补充、调节和完善了薪酬激励和考核制度。《高级管理人员绩效考核办法》内容主要包括任务绩效（本职任务完成的情况、各项指标完成情况），管理绩效（对下属员工管理的情况和效果），周边绩效（勤勉尽职、廉洁自律情况）。银行制定的《高级管理人员约见谈话制度》是董事会及时向经营层询问、提醒、告诫、勉励等了解经营情况的一种形式，同时也是董事会对经营管理层奖惩、续聘的依据。

根据员工岗位不同，实施了差别化薪酬体系。信贷客户经理实行岗位底薪+维护绩效+清收奖金；柜员实行岗位底薪+时长工资+绩效工资；信贷业务后台实行岗位底薪+各类补助+绩效薪酬；一般管理岗位人员实行岗位底薪+各类补助+KPI关键业绩指标考核。充分体现岗位差异和劳动效果的客观评价，多劳多得。

4.审贷分离制度

为了确保信贷资产质量，鄂温克包商村镇银行自成立时就建立了相对规范的“审贷分离”机制。设立了专门的审贷委员会，对于授信业务分级集体审核；审贷机制中，所有信贷业务必须经过审贷委员会批准才能发放，分管风险行领导具有一票否决权，信贷业务主张建议权与风险控制分别由不同行领导分管，两条线互相监督制约。随着鄂温克包商村镇银行的发展和信贷人员队伍逐步成熟，审贷委员会成员逐步从行领导及信贷管理部门负责人为主逐步转型为以信贷专业技术人员为主。贷款调查人员、贷款审查人员与审批人员有机地分离，以保障审贷委员会能够从贷款自身的角度出发，合理分析，正确判断。

5.贷后督查体系

为防范信贷业务的信用风险，健全信贷业务监督及考核机制，鄂温克包商村镇银行在信贷管理部门设置了贷后督查中心，由专门人员对于客户经理日常贷后管理工作进行监督，发现问题及时预警。同时贷后管理中心负责对贷前调查及审批人员的行为进行监督，对于在贷款办理过程中发生的职业纪律和道德等问题，及时发现并反馈，以保障银行信贷资产质量，防范各类信用风险及道德风险的发生。贷后督查中心与风险合规、审计部门作为风险防范的第二道、第三道防线，信息共享，在发挥各自职能的同时，建立联动工作机制，对信贷业务贷后风险预警和处置建立保障机制。

蒙古包里召开的董事会

三、马背银行的风险控制

鄂温克包商村镇银行于2011年起即设立了审计部，主要职责为拟定全年审计工作计划、对银行运营进行内部控制综合评价、组织实施各项审计、纪检监察及消费者权益保护工作、对全行违规经营行为进行调查、经济处罚及审计复议、协助配合外部审计、监管单位完成对银行的审计工作。内控管理体系对于实现稳定、快速、可持续发展具有重要意义。在各项业务快速发展的同时，银行本着“审慎经营”原则，按照监管政策的相关要求，结合自身的发展状况，不断提高内控管理水平，完善内控管理制度，初步建立了一套具有“系统性、全面性、前瞻性”的内控管理机制。

成立之初，根据董事会对全面风险管理的要求，成立了风险管理部，并下设合规管理中心等内控管理部门，将内控管理从事后补救转向事前、事中监督，对于各类业务从审查审批到执行监督等各个方面进行全面的控制管理，健全了内控管理职能。风险管理部的成立，迈出了“完善内控体系，加强内控管理”的重要一步。

2015年，鄂温克包商村镇银行将风险管理部更名为风险合规部，主要职责是拟定风险管理政策、措施以及制度；信贷资产质量监测和贷款质量五级分类管理；为识别、分析、预警和控制信贷资产问题提供措施建议；对同业机构及其他第三方业务合作的信用评级、授信、准入、考核、退出等进行管理；负责银行审贷委委员会的日常事务工作，召集审贷会议及会务组织，对审贷会议决议情况进行落实、传达；对审贷委员的培训、准入、考核、退出等进行管理；对提交总行的大额业务进行专审，出具专审报告，向审贷会提出专审建议并进行专项追踪管理；对各网点后台提交的经审核的业务进行审议；对全行信贷业务的真实性、合规性进行贷后监督；对综合业务、系统业务操作进行合规检查；对信贷业务进行合规检查；信贷业务法务咨询；全行信贷业务合同管理；牵头全行不良贷款责任认定工作。风险合规部同时承担董事会风险管理委员会办公室职能。

风险合规部内部实行“轮岗制”及“委派制”。为保持风险合规审核人员的公正与原则，风险合规部实行合规人员委派制，合规审核人员由总行直接下派至各支行，总行负责统一考核管理，与各支行保持相对独立，以保障合规人员能够在不受外部因素影响的情况下，坚持自身工作的原则性。同时，合规人员实行轮岗制度，各分支机构风险合规人员以“月度”为单位定期进行岗位轮换，以加强岗位制约功能，防范操作风险。

2013 年 5 月，鄂温克包商村镇银行从加强审贷会管理、规范合规中心人员岗位职责、细化回避制度及明确贷款责任入手，实施了风险体制改革。通过改革，力求在风险管理理念、模式、机制、手段和范围上有所转变，以适应建设一流牧区村镇银行发展战略的需要，全方位开展案防工作，提升内控管理工作水平。伴随着发展步伐的加快，案件防控和内控体系日趋完善，作为立足县域经济的新型农村金融机构，鄂温克包商村镇银行良好的案件防控体系和内控体系是对风险进行全程监督、控制以及纠正的动态机制，也是实现银行经营目标的保障措施。

2015 年 6 月起，为实现多网点的业务管理，实行了风险官派出制，与委派会计模式相同，对风险官相对固定分管范围，对业务的合规性和风险状况进行披露，同时承担当地机构的审贷小组委员之一，对于信贷业务的风险性进行评估和提示，对业务的合规性具有一票否决权。

2017 年 5 月起，鄂温克包商村镇银行实行首席风险官制，聘任了首任首席风险官。首席风险官进入高管序列，并具有党委委员资格。逐步建立有自己特色的风险管理机制。

鄂温克包商村镇银行整体体量和规模虽然较小，但是在核心业务、关键流程、主要风险点等方面与大银行并无差异。村镇银行成立时间较短，各项人才储备、制度规范、内控执行等方面都显著落后于大银行或已成立多年的农村金融机构，银行一方面积极补足在这些方面的短板，不断完善各项制度流程，提升执行力，提升内控管理的水平和效果，同时也认识到，即使再完善的风险制度和规范，如果没有统一有效的组织和实施，最终效果也可能会有疏漏。因此，鄂温克包商村镇银行从 2017 年起开始建立首席风险官制的全面风险管理模式，主要定位是参与全行层面重大决策过程，协助行长决策；按照董事会的相关决议和行长等的工作要求，组织落实各项风险管理措施；确定区域、产品、客户风险限额、组合方案及拨备政策、向上级及专业委员会汇报风险状况、参与风险线条人员及资深专业人员的队伍建设等。由首席风险官专门负责全行多维度风险管理，包括信用风险、运营风险、声誉风险、流动性风险的识别、提示、预警与改进措施等各项工作，注重风险统筹和交叉管理，做到多维度和立体化的风险识别及跟踪机制。在内控管理的提升方面，注重相关制度体系的建设和完善，提升制度的执行力，重视对制度执行效果的评价和评估，确保制度有序有效。

在实践上，仅通过一个人、一个岗位的设立，在短时间内较难一次性实现全部风险管理目标。“不积跬步无以至千里”，从现在开始付诸实践，扎实推进并逐步完善首席风险官制度。在这近 1 年时间内，首席风险官针对一线信贷业务内控及压降管理实现了 2 次首席风险官谈话；对信贷产品设计、合同修订、业务流程改进、计划财务、法律风险、征信管理等方面提出若干意见和建议。2018 年首席风险官开始牵头信贷业务制式合同优化项目、信贷业务法律知识培训、中层人员合规管理培训。在银行，首席风险官又担当塔拉微金融学社社长一职，在提升各类风险管理水平及培育行内专业人员方面摸索经验。

四、总　结

鄂温克包商村镇银行成立之初，员工较少，业务量不大，企业运转效率高，但规范性较差。随着银行业务的不断增长，管理越来越规范，银行制定的制度也越来越明确，工作流程也越来越高效，前后台也越来越能够相互支撑、相互辅助。随着各部门的职责更加明确，逐渐确立了信贷管理部管信贷业务，运营管理部管柜面运营，风险合规部管风控的规范化制度，这种规范化的管理模式极大地保障了银行的稳健发展。鄂温克包商村镇银行治理体系在职能设计上，确立了股东会监督董事会，董事会统筹战略发展，经营层负责完成经营指标，各职能部门规范化运作的公司治理结构。董事会对银行经营活动的领导和管控主要通过董事长行长联席会议制度来实现。董事长行长联席会议由董事长主持，根据工作需要每年召开三十次左右，研究重大经营事项人事事项。董事长与行长分工清晰，董事长主抓银行文化、战略以及人才培养，不参与具体业务经营；行长负责银行的日常经营，银行内部重大事项均要民主协商，重大采购项目必须经过审批招标，民主决策，不是一人拍板。

第四章

银行的机制建设：客户关系

一、客户关系管理的内涵与意义

银行的服务对象包括社会各个阶层的法人和自然人。这些客户对于银行来说犹如衣食父母，是银行一切经营活动的中心，是银行提供金融服务、创造利润的基础与源泉。在金融服务中如何更好地实施客户关系管理，建立规范而创新的客户服务体系，对银行而言是一个永恒的话题。

银行客户关系管理就其内容而言，包含了两个方面：一是客户的营销管理；二是客户的服务管理。所谓客户的营销管理就是通过各种积极有效的手段主动去营销客户，拓展市场；客户的服务管理就是对作为服务对象的客户和营销与拓展来的客户进行科学而优质的服务与维护管理，不断巩固和扩大客户基础。

客户关系管理是银行成败的关键。因此，银行应关注客户关系，实施客户关系管理，像管理资产一样管理客户，像了解银行产品一样了解客户，像掌握库存变化一样掌握客户的变化，实践“以客户为中心”的经营理念，建立完善的银行客户关系管理体系，最终实现提高客户获得、客户保留、客户忠诚和客户创新的目的。

1.推广产品与服务，增加银行业务量

由于客户往往对银行的业务品种、金融环境等方面的情况缺乏全面了解，因此，要求他们把自己的服务需求自行加以分解，自助选择银行所提供的服务品种往往是较为困难的，于是不可避免地导致客户放弃一些潜在的服务需求，使得银行损失了潜在的市场。而实施银行客户关系管理后，银行能够根据客户的需要，综合设计服务方案，注重向已有客户推销银行的其他服务品种，从而最大限度地挖掘客户的潜在需求，使客户获得更加全面的服务。

2.拓展服务项目范围以及服务的深度

良好的银行客户关系管理体系不仅可以拓展银行传统的负债、信贷、租赁、清算等业务的服务范围和深度，还可以在该系统之上灵活、快捷地开发新型的中间业务，快速适应市场。而中间业务具有成本低、收益高、风险小的特点，随着存贷款利差的缩小，它将会逐渐成为主要的利益增长点。

3.降低服务成本

传统的客户联系渠道，如面对面（柜台）、邮寄（信件）等，由于不方便性以及客户信息不完整性，无法实现对客户关系的有效管理。随着计算机技术和通讯技术的发展，呼叫中心和互联网已经成为最广泛的客户通讯联系方式，电话和家用电脑的普及使人们之间的联系超越了时间、地点的限制，为银行向客户提供全面服务提供了良好的联系手段。

4.管理好银行的“客户资产”

通过完善的客户关系管理体系，银行能充分地利用“客户资产”，不断进行客户信息的分析和客户服务策略的改善，为客户提供优质服务，实现“客户资产”的增值，使银行为客户提供完善的服务，保证原有客户群的同时，吸引更多新的客户群。

5.为银行产品定位、市场决策提供了决策支持

通过建立良好的客户关系，银行可以快速地了解客户的需求变化，预测未来一定时期客户的需求，从而使银行在产品定位和市场决策上能迅速适应这种需求的变化，为客户提供最需要的业务和服务，达到引导客户消费和吸引客户的目的，从而不断巩固银行在市场竞争中的优势地位。

二、马背银行实施客户关系管理的关键

1.识别客户

银行与客户接触过程中必须深入了解客户的各种信息，真正懂得客户的需求和消费模式。鄂温克包商村镇银行的客户主要是牧区的牧民以及其他小微客户。这些客户居住分散，信息搜集比较困难。要做好信贷管理工作，要搞好对牧民的其他金融服务，首要的工作是进行信息搜集和客户识别。信贷员要深入牧区，通过“都兰·乌若”服务站，搜集、核实和甄别客户的信息，为信贷和其他金融服务提供信息基础。客户信息一般应包括以下内容：一是客户原始记录，即有关客户的基础性资料，它往往也是银行获得的第一手资料，就自然人而言，主要包括姓名、年龄、职业状况、收入结构、资产状况、信用状况以及地址、电话、电子信箱等联系方式；就公司机构类客户而言，主要包括客户代码、名称、产权成分、经营规模、资产结构、负债来源、融资方式、信用记录以及负责人、联系人等。二是银行投入记录：银行与客户进行联系的时间、地点、方式（如访问、打电话）和费用开支、给予哪些优惠、提供服务的记录、合作与支持行动、为争取和保持每个客户所做的其他努力和费用。

牧民客户希都日古喂养自家的牲畜场景

2.对客户进行差异分析

不同的客户对银行服务有着不同的需求，给银行创造不同的利润。客户关系管理所要做的主要事情就是根据对客户的成本、利润分析,对市场进行细分,针对不同的客户实施不同策略。银行的客户，因所从事产业和经营规模的差异，导致其客户需求千差万别，同时由于牧区季节性的生产需求的差异，导致客户在不同时间的信贷需求有所不同。搞好客户管理，就要针对客户的差异进行分类，以便于银行金融产品的准确营销。

少数民族客户获得银行贷款后的喜悦

3.与客户保持良性接触

银行需要和客户保持良好的接触，以了解客户不断变化的需求。如今银行不仅要了解客户过去的交易行为，而且要能够预测客户的未来消费和投资行为，分析客户的潜在需求，从而更好地面对竞争。在银行，信贷员和客户经理经常到牧区进行客户回访，“都兰·乌若”服务站也经常针对嘎查里的客户不同情况进行定期或不定期的访问，这些与牧民和其他小微客户的密切基础，使信贷员和客户经理对客户的信息了如指掌，对客户的消费和投资的变化及时掌握，大大提高了金融产品营销的针对性，同时也降低了贷款的不良率。银行致力于巩固与客户的长期关系，客户经理经常与客户交流，征求客户的意见，并定期拜访重要客户，了解动态信息，加强与客户的感情联系。

抽奖活动上给客户发奖品

客户经理敖日格勒用蒙古语向客户解答业务问题

4.差异化服务

鄂温克包商村镇银行大部分支行地处城乡接合部，不同类别的客户数量较多，占用大量窗口资源，提高了运营成本。一方面，在做好分流工作的同时，银行要扩充网点功能，强化客户经理队伍建设，完善 ATM 系统、POS 系统、自助银行系统、电话银行系统及网上银行系统，实现服务渠道的多样化，为客户提供一揽子、全方位的金融服务，满足广大客户“AAA”（Anytime、Anywhere、Anystyle）服务的需求。另一方面，银行针对客户尤其是贵宾客户的习惯偏好以及个性化的消费、理财特点与倾向“量体裁衣”，设计不同的产品和服务，进行“一对一”营销，实现服务方式专门化，满足客户个性化需求。不断提高客户满意度，进而增强客户对银行的依存度与忠诚度，奠定银行持续发展的基础。

三、“呼斯楞”计划：与客户共成长

“呼斯楞”是蒙古语希望的意思。此计划的主要理念是以客户为中心，为客户量身打造信贷产品，产品针对不同客户的实际情况，满足不同客户的信贷需求，抛弃传统的标准化产品模式，做

呼斯楞牧民客户签订协议现场

到一户一策，根据客户的实际需求，提供一系列的产品组合以及金融服务，真正做到客户与银行共同发展，共同努力，相互扶持，共赢共生。

1.助力小微企业做大做强——阿力腾牛肉干的腾飞

呼伦贝尔市阿力腾有限责任公司是鄂温克旗当地一家生产牛肉干的食品加工企业。该公司于 2012 年获得鄂温克包商村镇银行一笔 40 万元的贷款，由此双方建立了合作关系。随着企业逐步发展,资金需求越来越多,鄂温克包商村镇银行也通过不断丰富产品、提升管理、改进服务，跟着客户的发展而发展，贷款额度先后突破 100 万元、500 万元，目前对该公司总授信余额已经达 1000 万元。2015 年底，鄂温克包商村镇银行将该企业列为银行“呼斯楞”共成长客户，双方签订了战略协议。对该客户逐步扩大的授信支持过程也是银行自身各方面能力发展的过程，实现了银行与客户共同成长的愿景。正是由于鄂温克包商村镇银行信贷的及时支持，帮助该企业生产场地从最初200多平方米发展到目前3000多平方米规模，营业额由1000万元提升至2100万元，固定员工从最初十几人扩展到目前近百人，带动了当地就业，其品牌影响力也有较大的提升，是呼伦贝尔市生产牛肉干的知名品牌企业。目前呼伦贝尔市主要商超均在重要位置出售其货品。该企业不仅发展自己生产的牛肉干，同时与当地供销社合作，发展更多的特色产品销售空间，带动当地贫困户，因地制宜，提供特色商品，为鄂温克旗的特产提供销售平台，在自有的超市和网络平台销售。该企业通过自身的壮大发展，不仅仅实现企业利润，同时也通过自身的努力去实现更多的企业社会责任。

2.筑梦创业，圆梦草原——支持舞蹈家创业

以筑梦草原为理念，马背银行不仅要实现远大愿景，他们也在不断地帮助有梦想的创业者圆梦。

松岩为海拉尔区一位汉族女性，自主经营舞蹈室。松岩自5岁开始学习跳舞，始终热爱并坚持舞蹈事业，一直梦想能够拥有自己的舞蹈室，努力将民族舞蹈发扬、传播，让更多人热爱民族舞蹈。2003年毕业后，松岩在海拉尔艺校担任舞蹈老师，且兼职开设舞蹈课，因没有营业执照，后期课程停摆并辞去舞蹈老师职务。2010年松岩在海拉尔找到了合适的经营场所，开始了自己的舞蹈室经营生涯。

松岩的舞蹈室前期学员稀少，房租昂贵经营困难，举步维艰，但她始终坚持自己的梦想，不断努力、坚持。直到2015年9月，松岩来到鄂温克包商村镇银行申请无抵押微贷贷款。了解到客户情况以后，信贷员认为她的发展前景乐观，可培育度较高，通过客户经理的贷款审查及行内审批，最终给予其30万元的贷款支持，

用于支付营业场所租金及扩大经营范围。截至 2018 年末，松岩已在鄂温克包商村镇银行贷款三次，始终履约还款，贷款信用额度稳步提升。期间，微贷产品也逐步发展，根据她的实际经营情况及以往信用情况，鄂温克包商村镇银行评定松岩为塔拉微贷部“二星级客户”。2018 年 12 月给松岩发放 70 万元无抵押贷款，贷款期限 2 年，贷款年利率较上笔贷款降低了 0.9%，此次贷款主要用于支付经营场所租金、翻修、购买演出服装费用等。

经过鄂温克包商村镇银行近四年的培育，松岩的经营非常顺利，舞蹈室已具有一定规模。初次贷款时，经营场地仅 100 平方米，学员 10 余名，经营范围仅为舞蹈授课，而目前其经营场所面积已达到 400 平方米，学员人数突破 400 人，经营范围也扩大到舞蹈授课、活动舞蹈表演、舞蹈考级评定等综合性舞蹈行业平台。她本人通过近几年的不懈努力，也取得了最高舞蹈等级级次，担任呼伦贝尔市春晚舞蹈导演。舞蹈室在海拉尔地区有了较大影响力，具有舞蹈考试审核资质，呼伦贝尔范围内的外出舞蹈考级学生，必须在松岩舞蹈室有学业证明。

对于松岩这样的从事比较特殊的文化产业的创业者，鄂温克包商村镇银行在客户管理中非常注重对其事业前景的判断、经营规模扩张后现金流的判断、客户经营能力的判断以及银行业在本地区发展潜力的判断。通过对客户创业过程的持续支持，松岩已经成为银行的优质客户和忠诚客户。

3.支持民族手工艺发展——主动发掘有成长潜力的客户

鄂温克旗辖区内民族众多、文化多样。鄂温克的民族手工艺品制作是一个既古老传统又非常有发展前景的产业，发展这一产业对于弘扬民族文化、发展民族地区旅游和文化产业、促进当地的就业，都有十分重要的意义。银行积极支持民族文化产业，努力推广培育民族手工艺术，很多客户因马背银行的信贷支持而走上了民族手工艺的发展之路。

宝桂英是鄂温克旗巴彦托海镇居民，2018 年 4 月来鄂温克包商村镇银行申请贷款，贷款用途为扩大经营规模。宝桂英自 2013 年开始经营民族用品店，开店之前一直在家里做蒙古袍、头饰生意，曾在呼和浩特专业学习过制作帽子的手艺。她的民族用品店下游客户稳定，海拉尔地区各个民族服饰加工店均与她联系帽子加工。在呼伦贝尔，制作帽子和制作蒙古服装是两种手艺，一般做服装加工的店铺不制作帽子，而宝桂英头饰帽子的手工非常独特专业，因此拥有很多忠实的合作伙伴和客户。宝桂英的产品主要销售到本外地各个民族工作室、各旗县牧民，有固定的客源，虽然在本地有竞争对手，但是她在此行业精耕多年，具有一定的规模和实力，所以市场盈利情况越来越好。2018 年，她在鄂温克旗创业园申请到一个 160 平方米的加工场地，计划招聘裁缝工人开展民族服装加工业务，扩大经营规模。

鄂温克包商村镇银行于 2018 年 4 月给予宝桂英 10 万元贷款支持，担保方式为保证，贷款期限为 2 年。利用贷款，她装修了经营场所，储备了布料丝绸、饰装饰品、半成品帽子、民族服装、饰品等经营材料，同时计划招收 15 名 ~20 名学徒。她一直致力于将民族工艺发扬光大，也在努力扩大民族手工艺的制作规模及范围。目前，她的雇员由原先的 2 名增加至 4 人，加上她本人及配偶共计 6 人在参与经营，与海拉尔及呼和浩特乌兰牧骑舞蹈团、旅游行业公司等签订业务合作合同，业界知名度及美誉度不断提升。该工作室虽是首次申请贷款，但其发展潜力巨大，市场广阔，营业额已实现翻倍增长，由原来的 15 万元营业额，增长到现在的 30 万元。对于这样的成长前景非常好的客户，鄂温克包商村镇银行将持续关注其经营发展，不断给予资金支持，助力其民族工艺的推广，为保护和传承鄂温克族文化做出贡献。从客户管理的角度来说，对于这些优质客户的发现，是衡量一个银行客户管理质量的重要指标之一，好的银行能够主动发现客户，挖掘客户的价值，而不是跟在客户后面，被动地等候客户提出借款需求。银行还注重与这样的优质客户保持巩固的合作关系，帮助其实现经营水平的提升和转型。

4.以真诚、服务、专业打动客户——用心服务赢得客户的忠诚度

呼和道布嘎查是巴彦库仁支行周边的一个嘎查，整个嘎查有69户，172人，户均草场1万亩，是条件比较好的一个嘎查。这个嘎查此前从来没有在鄂温克包商村镇银行贷过款。鄂温克包商村镇银行信贷员实行“扫街”的方式挨家挨户上门进行金融宣传，对于这个新的银行，很多牧民从来没有听说过，很多人认为信贷员是骗子。第一次宣传过后郝毕斯嘎拉图并没有去申请贷款，对其可信度多少有些怀疑。在得知嘎查有人在银行已经贷款，才开始认识到鄂温克包商村镇银行是一个正规的银行。在信贷员第二次向其介绍产品之后，2017年10月郝毕斯嘎拉图在银行贷了第一笔款10万元——“那日牧场”贷款，用于买草和修建储草库。

在他最初与信贷员接触的时候，对他们抱着怀疑的态度，不信任他们，也不愿意与信贷员过多地交流透漏信息。银行员工针对客户的特殊性，将信贷产品宣传单翻译印制成蒙语宣传单，方便牧民客户更直观地了解，同时针对他的疑问进行了细心周到的讲解。第一次放款之后，银行员工用专业流程，贴心的服务，打动了客户，使客户切实感受到了银行便利、专业、用心、优质的服务。

目前郝毕斯嘎拉图的所有贷款全部在鄂温克包商村镇银行，

贷款余额 64 万元，这充分说明了客户对银行的信任。同时，他也主动帮助银行信贷员了解嘎查里其他牧民的情况，带动嘎查里的其他牧民了解、认识银行，来银行办理业务。

鄂温克旗地处牧区，牧民对金融机构的了解不足，同时牧民的金融知识也相对比较缺乏，因此银行就要针对这一特点给予耐心的解释，使他们了解银行的业务，了解信用评估、利息、还贷等基本的知识和流程，从而用真诚感动客户，以用心的服务去赢得客户。

5.与客户共患难共成长——在帮助客户摆脱困境中赢得客户的信任

马立娟是鄂温克包商村镇银行的一个小微客户，在大雁镇经营着一家小美容店，为扩大经营，进更多的货，2013 年 8 月她在银行获得了一笔 3 万元的贷款。但是大雁镇整体经济发展水平不高，小店的客流量越来越少，逐渐入不敷出，最后迫不得已关闭。此时丈夫又与其离婚，她独自抚养孩子。失去经济来源，又遭遇家庭变故，本身就不富裕的家庭，变得更加窘迫，这就严重影响了贷款偿还。2014 年 5 月，该笔贷款开始出现逾期。到 2015 年 5 月，还有 2 万多的本金没有还清，银行员工通过多方打听，找到了失联一段时间的马立娟，此时她在一家小餐馆给人打工，每个月 2000 元左右的收入，要生活、交房租，还要供孩子上学，每一分钱都精打细算地花，实在没有还款能力。面对这种情况，鄂温克包商村镇银行的信贷员采取以下措施：第一，向其讲述征信不良的危害，讲述按时还款和守信的重要性。第二，深切同情和理解她的难处，站在她的角度想问题，向行里汇报该客户情况，争取优惠政策，行里给其优先特殊扣划本金，减免部分罚金。第三，为马立娟想解决办法，最后提出每月进行分散的小额还款，逐步还清贷款。第四，银行也鼓励客户，帮她树立信心，使她认识到，只要努力生活，未来一定有美好的前景，要抱着一颗善良、感恩的心活着，生活才能有希望。

马立娟被鄂温克包商村镇银行员工的真诚感动了，也一直感激当初银行给她贷的第一笔款，从2015年5月份起，她开始陆续小额还款，有时候是500元，有时候是300元、200元，对于生活如此窘迫的女性来说这是非常不容易的，直至2018年10月，长达4年的逾期还款全部结束。

令人感动的是，2018年9月初，银行员工接到她母亲的来电，原来是8月份马立娟出了一些变故，银行员工无法与其取得联系。马立娟特意叮嘱并给母亲留了一张纸条，上面写着信贷员的名字和电话，马立娟对母亲说："一定要还上鄂温克包商村镇银行的钱，我们不能做没有良心的人。"此时马立娟还有2000元未结清，她母亲打电话给信贷员说："请再给我们一点时间，我们一定把最后的贷款还完。"

在客户管理过程中，对于遭遇困境、处于危机之中的客户，银行一定要给予深切的同情和理解，要站在客户的角度来考虑问题，帮助客户克服困难，树立信心，用积极的态度对待生活，珍惜自己在银行的信用。在这个过程中，信贷员与处于危机中的客户的互动是非常重要的，要以真诚感化客户，以信心来鼓舞客户，以实际的行动来帮助客户排忧解难，这是马背银行客户管理的一条重要的经验。

第五章

银行的机制建设：信贷产品创新

信贷产品是银行实现利益最大化，保证银行的日常运营得以持续的主要媒介，信贷产品的设计不仅能够为银行带来更多的收益，更能够体现银行的使命感和文化，同时也是银行实现差异化经营的主要途径。好的信贷产品设计不仅能够很好地满足客户的需求，为银行带来收益，更能降低银行的放贷风险。因此想要维持银行的良好运营，就必须重视信贷产品设计，而信贷产品设计最重要的是要有创新意识。

相较于一般的产品市场环境，银行对宏观经济环境的变化更加敏感，再加上放贷回收周期较长，客户需求的变动，使得银行所面对的市场环境更加复杂。因此为了应对复杂多变的市场环境，银行就不得不学会快速适应市场的变化，而适应变化的最好方法就是将创新的思维根植于产品的设计当中去。通过创新思维来引导信贷产品的设计，做到因地制宜的创新信贷模式，做到需求为导向的创新产品，做到培养敏锐察觉市场变化的创新意识。以创新的视角来看待创新，做到时时创新，刻刻创新，不仅创新产品，还要创新思维，不断突破现有环境的局限性，不断突破固有思维的局限性，不断创造创新的机遇和土壤。只有这样，才能保证银行的运营充满活力，银行的产品符合客户的需求，银行的系统能够抵御市场变动的风险。

一、信贷产品创新理论

1.信贷产品创新的必要性

（1）改善银行资产质量

信贷产品的创新主要是通过改变和调整信贷产品的模式以及要素组合，进而达到适应客户需求以及市场环境的要求。而在进行产品创新的过程中，可以有效地调整银行的信贷结构，改变和调整银行资金的流向，进而改善银行不良资产的比率，大幅优化客户筛选，提升信贷质量，从而实现从源头上降低不良贷款的发生，防范和化解信贷风险，降低银行日常运营的成本。

（2）银行谋求生存和发展的必然选择

商业银行经营的根本目的就是利润最大化，追逐利润不仅是股东对银行的必然要求，也是银行生存发展的根本保障，而目前，商业银行获取利润的主要途径就是贷款。这就要求银行必须按照商业化的运营原则，不断通过信贷产品创新，实现贷款结构的优化，提高贷款的利润率，保障贷款的流动性，降低贷款的风险，始终保持贷款能够投向优势行业以及优质客户，进而实现利润最大化。信贷产品创新是银行把握和适应市场环境变化的重要方法，只有做好产品创新，才能实现稳定的经营，才能提升银行的抗风险能力，才能保持银行日常运营的生机和活力。

（3）应对同业竞争的有力武器

银行业相对于其他产业，由于其经营方式、业务流程以及服务对象同质化严重，因此竞争更加激烈。而在激烈的竞争中谁能够有效地利用手中资金，提升自身的技术手段，完善自身的结算方式，灵活地进行经营，谁就能在激烈的竞争中屹立不倒。而这必然要求银行通过信贷产品创新，来降低自身与其他竞争者信贷产品的同质化，努力提升产品的差异性，满足客户的需求，努力吸引优质客户以及降低业务流失，进而实现利润最大化。而利润的增加又会进一步刺激银行产品创新的积极性和主动性，从而使银行的竞争力不断提升，进而形成产品创新—利润增加—竞争力提升的良性循环，使得银行能够更好地赢得优质客户，巩固和培养优质客户，进而形成稳定、健康的客户群，从而在竞争中取得优势地位。

（4）适应宏观经济环境变化的现实需要

随着我国改革开放的逐步深化，宏观经济结构调整步伐在逐渐加快，产业转型升级的速度在逐渐提升，而作为经济发展的供血器官的银行，其对经济的变化尤其敏感。这种宏观经济环境的变化与调整，对银行提出了更多、更新的要求，银行要想抓住宏观经济变化的机遇，迎接经济结构调整的挑战，就必须树立信贷产品创新意识，通过产品创新，以积极、主动的态势迎接挑战，适应经济环境的变化，只有这样，银行才能在经济浪潮中不断发展，不断前进，进而实现自身利润地最大化。

2.信贷产品创新的具体方法

（1）对现有信贷产品改良创新

这是信贷产品最为基础也最为简单的创新，主要是按照横向拓宽、纵向深入的原则，通过不断变换或者有针对性地修改现有信贷产品的某个或者某些组成要素或条件，来对信贷产品进行更深层次、更多品类的开发或拓展；或者，通过将存在关联性的信贷产品进行打包和组合，生成“一揽子”信贷服务解决方案，从而使客户能够得到更加全面、更加优化的信贷服务。

（2）信贷产品与非信贷业务组合创新

这种创新思路主要是突破了信贷产品的局限性，将信贷产品的创新与银行的表外业务等进行组合开发，为客户提供更加广泛而全面的金融服务模式。将信贷产品与非信贷业务组合创新，一方面突破了信贷产品的单一性，能够更好地满足客户需求，另一方面也利于银行结合非信贷的手段，来参与到客户的贷款使用当中，便于对贷款的监督和风险控制。

（3）全新信贷产品开发创新

这种创新是信贷产品创新的最高层次，也是难度最大的创新模式。全新信贷产品的开发主要是在进行市场调研、充分了解市场环境以及客户需求的基础上，通过深入与客户交流，充分研究客户特征，有针对性地对信贷产品的功能、定价、服务方式以及风险控制方法等进行科学组合和配置，并通过实践不断改良和优化，最终开发出与客户需求最为契合的信贷产品。

3.信贷产品创新的具体方向

（1）便利性创新

便利性创新主要是针对个人零售业以及消费信贷市场业务，利用这些业务资金流动性强、周转快、发生频繁的特点，通过创新结算方式、账户透支、循环贷款以及电子支付等方式，来开发个人零售以及消费信贷市场。这类客户虽然个体贷款需求较低，但是客户群体较大，需求稳定，风险较小，可以为银行带来稳定的收入。

（2）抵押物创新

抵押物创新主要是突破传统的实物财产的抵押模式，结合银行的风险控制以及信用评估手段，开展权力抵押、动产抵押以及票据抵押。权力抵押主要是针对农牧户等缺乏不动产的客户，将农牧户手中的林权、经营权进行转换抵押，使其变成贷款安全的有效保障。动产抵押主要是基于供应链的金融模式，结合第三方物流企业，对存货类动产设定动态、实施的抵押与监控，在控制和监督企业贷款采购原材料以及生产产品存货的基础上，允许企业动态赎回原材料及存货用于生产以及销售，从而使得银行既有抵押物来抵御企业违约风险，也便于保障企业生产从而有利于贷款的回收。票据抵押则是通过利用仓单质押以及保理业务等形式，将企业手中拥有价值的票据转换为抵押物，来拓展和创新抵押物的形式。

（3）特色创新

特色创新，是立足于本地的优势和资源特色，结合当地客户的特征，以及本地资源优势及区位优势，创新具有地方特色、适应地方金融环境的信贷产品。特色创新可以通过与当地政府进行合作，利用政府的相关政策规定，在实现银行的信贷业务发展的同时，也有利于当地经济的发展，实现“共赢”。

二、马背银行信贷产品创新理念

信贷产品是银行品牌的重要组成部分，鄂温克包商村镇银行结合牧区特点,创新地提出了“第一牧贷”“马背银行”“塔拉金融”三大品牌，于2013年初向国家商标主管机构提交了品牌注册，实施品牌保护。

基于“第一牧贷”，以适应牧民生产生活规律为特色，聚焦设计适合牧区群众的金融产品，使牧民享受更实用、更广泛的金融服务。例如为牧民量身定制的牧贷产品“塔拉四宝”：一宝“那日牧场”，即牧民授信贷款，其特点是“一次授信，周转使用，随用随借”，以满足牧民在不同季节的资金需求；二宝“呼和牧场”，即草场承包经营权抵押贷款，重点解决牧区草场改良与建设的长期资金需求；三宝“乌苏牧场”，即农牧业合作经济组织贷款，重点解决和支持农牧业产业化发展资金不足的问题；四宝“呼日牧场”,即牧民联保贷款,寓意为“像及时的雨水,滋润着草原大地”。银行的种种探索与实践，不仅取得了明显的财务绩效，其社会绩效也十分出色。

2012年5月,《中国爱国主义教育》杂志刊登“服务三农、扶持三牧，包商银行真抓实做——全国第一家进驻少数民族鄂温克旗的村镇银行”一文，报道该产品和多渠道、多形式的特色创

客户经理在牧区作客户调查

新服务，为中国金融市场的发展和服务中国小微企业打开了一扇新的天窗。2013 年 4 月，在农信银杯第三届中国农村金融品牌价值榜评选中，该产品荣获中国金融品牌价值榜“十大品牌创新产品”称号；2014 年 11 月，荣获 2014 年度内蒙古银行业服务“三农三牧”创新金融产品奖。

1.马背银行的信贷产品创新理念

信贷产品的创新是立足于当下，着眼于未来的创造过程。鄂温克包商村镇银行的产品设计根本理念，是“牛羊在、贷款安”。立足于当下就是要求银行的产品创新不能脱离宏观经济状况以及现有的市场环境这个客观条件，产品创新不是漫无边际、天马行空的想象，而是具有针对性和目的性的逻辑思考；着眼于未来，就是要求银行以发展的眼光看待产品创新，产品的创新虽然是基于现状的创新，但是不能局限于现状，要可以拓展，可以不断适应核心客户以及银行自身的发展变化。

同时，在进行产品创新的时候，一定要深刻认识到银行提供的牧区信贷产品，与种植业信贷产品有着很大的区别。种植业的信贷产品大多数情况下是年初发放贷款，年末最后一个季度收回贷款，这类产品的设计能够很好地适应种植业生产周期短、生产资料相对固定、生产资金需求相对稳定的特点。相较于种植业的春耕秋收，甚至是一年两收的情况，牧业一般养殖牛羊需要 3 至 5 年的投入积累期，才能见到经济效益，生产周期长；而在养殖过程中，从年初接羔保育，夏季营地，秋季打草，卖牛羊，冬季持续喂养加防疫，一年四季都有资金需求，而且随着不同年景的草场及草木变化，资金需求量也往往不断变化。因此，银行的信贷产品创新必须要能够针对牧业的生产经营规律，符合牧业的生产特点，只有这样，才能被牧民接受和欢迎。

在进行产品创新的时候，银行不仅要考虑客户的特点和需求，也要意识到产品创新的困难和风险。

牧羊

首先，鄂温克包商村镇银行地处边远少数民族地区，属于自治区级贫困县，相较于经济发达地区，这里的金融服务的供给机制不够健全，金融竞争环境不够规范。在这种条件下，金融产品在市场上的供需关系受到了扭曲，价格机制难以真实地反映信贷产品供需关系，而这就是银行所处的现实情况，也是银行信贷产品创新必须克服的难关。

其次，与种植业类似，牧民贷款也面临着抵押难的问题。由于受其生产经营模式以及生活方式的影响，牧民在贷款时很难提供足够的抵押品。同时在担保贷款方面，比起农民居住地相对集中固定，彼此间联系紧密，牧民由于牧业生产的游牧特性、自然和生产条件，再加上地广人稀，牧民与牧民之间、牧民与银行之间的联系交流更加稀疏，这也就导致了担保贷款操作的难度和成本比种植业地区更大。抵押难以及担保难也是银行在产品创新过程中必须要考虑的问题，是打通产品与客户道路的关键。

最后，银行也要意识到牧区产品设计的风险控制与种植业背景下的信贷产品的不同。相较于种植业贷款，牧业贷款周期更长，客户更加分散，牧区的通讯硬件条件更弱，这都为银行的贷前业务需求调查、贷中客户监测与控制以及贷后管理带来了不小的挑战。因此，在产品设计过程中，银行不仅要依靠传统的分析技术，还要更加深化服务流程，补充物理网点上的不足，减少信贷过程中的信息不对称，做到风险早预知，风险早防范，风险早控制。

2.马背银行信贷产品创新的难点和方向

（1）村镇银行产品创新的难点

目前，鄂温克包商村镇银行的产品创新主要受到村镇银行自身发展状况以及市场环境的制约。在现有的竞争环境中，银行利率弹性空间低，定价能力弱，更多的只能是根据自身的资金成本、风险成本以及参考同行业的同质化产品进行定价。在产品创新上，更多的只是单纯对各项产品要素进行组合，在产品模式上缺乏突破性创新。

造成这种情况的主要原因是：首先，鄂温克包商村镇银行地处边疆，人口稀少，经济总量小，社会经济行业相对简单，本地的经济活跃程度以及金融竞争发展环境，较发达地区的城市周边及城关镇设立的村镇银行面临的经济环境和客户群有所不同，银行缺乏成熟的模式作为参考，很多业务的开展更多的是自我探索和总结。其次，银行的内控管理、风险管理等的控制水平与创新之间还存在着脱节之处，仍需要进行磨合，但是受到现有经营水平与规模的制约，银行暂时无法做到更大范围、更高层次的风险监控和信贷产品研发。

（2）村镇银行未来创新的方向

银行的核心主业，还是要以牧业、牧区、牧民，以及“三牧”所辐射出来的中、下游产业链以及经济圈为首要服务对象。银行在未来的发展过程中，要更加强化参与意识，在畜牧业的生产、屠宰、初加工、深加工、冷链以及销售等各环节上，积极发挥作用；要更加强化与本地政府的合作意识，依托政府发挥中介和辅助作用，提高牧民在畜牧业产品上的议价能力，加大牧民经济的控制水平，增强在逆周期中进行风险对冲、缓释的能力，进而保障银行贷款的安全。

在小额消费信贷类产品方面，要稳中求进，在稳定和保持现有模式的基础上，引进大数据的信息搜集和处理手段，例如利用公积金、社保、四大行账户情况、国航以及海航会员卡等相关信息，开发具有一定场景的贷款业务。同时，在支持小微企业以及农、牧户方面，要更加重视与第三方数据平台的对接，推出线上申请、线上审批的APP，利用现代科技的便利，消弭物理空间上的距离，为更多的客户提供普惠金融服务。

信贷人员进行贷后回访

3.信贷产品创新实践——永丰嘎查联保模式

永丰嘎查，位于伊敏河镇，辖区总面积 110 平方公里，是伊敏河镇乃至全旗唯一的一个以汉族为主体的嘎查，总人口 280 户 800 人，嘎查以畜牧养殖业为主。作为伊敏支行的核心维护嘎查之一，截至 2018 年 12 月末，贷款余额 1629 万元，占伊敏支行贷款余额的 10%，自伊敏支行 2013 年 2 月为该嘎查发放第一笔贷款开始，支行已经连续支持嘎查经济六年，累计放款金额 4363 万元，累计服务牧民 200 余户，金融服务覆盖率达到 80%，平均单笔授信额度 12 万元，截至 2018 年 12 月末，永丰嘎查贷款不良率为 0.63%。嘎查良好的贷款质量以及信用意识，离不开“牧民联保 + 嘎查两委委员保证”的创新金融服务模式，其有效地解决了担保难的问题，同时通过硬信息和软信息两个维度，对客户进行合理授信。在整体授信过程中，伊敏支行根据永丰嘎查客户的实际情况，量身定制贷款产品，给予更加具有弹性的额度支持，有效地满足了生产发展需求；在还款方式上面，也按照牧民的生产规律，给予按季付息、到期还本的还款计划设计。永丰嘎查联保模式的成功离不开伊敏支行与客户经理的因地制宜，创新与变通。“联保模式”虽然具有其独特的机制优势，但是在实行之初，由于牧民对银行的不信任以及信用意识不强，经常会出现“联而不保”的问题，但是在银行的不懈努力以及切实行动之下，牧民逐渐打消了顾虑，慢慢培养出了信用意识，“联保模式”也慢慢推广开来。

在 2017 年年中时，嘎查的一半贷款因旱灾影响出现了逾期，牧区整体形势严峻，伊敏支行第一时间与嘎查“两委”取得了联系，详细了解嘎查面临的实际困难，由于干旱造成的客观困难的影响，牧民收入减少，嘎查牧民由于信用意识不强，开始普遍产生“有钱再还”的心理，而基于这种心理，造成了嘎查大面积逾期。伊敏支行随即采取了“心理治疗”，为大家普及逾期的概念、逾期对征信造成的影响、逾期的违约金等等，也表示愿意和嘎查共渡难关，并通过调整还款计划、重组等措施帮助逾期金额较大的牧民重新盘活贷款。面对当时嘎查牧民怀疑的态度，伊敏支行并没有过多的解释，而是用实际行动来证明。伊敏支行率先对嘎查部分信用记录一直良好的客户进行了贷款重组，并为他们减免了罚息。嘎查牧民看到了伊敏支行的实际行动，纷纷主动前来申请贷款重组，伊敏支行仅用了两个月的时间就将嘎查的贷款整体盘活。通过这次事件，牧民体会到了信用的重要性，也感受到了银行的责任心，银行和客户的关系也愈加紧密了。

在联保模式取得初步成功后，伊敏支行认为还要继续强化信用意识，因而设计了“达日嘎”贷款产品，将嘎查的整体信用情况与嘎查“两委”的贷款利益直接联系起来，在贷款过程中，充分发挥嘎查“两委”的影响力和权威性，借助“两委”的力量来维护贷款关系，控制贷款风险，对整体信用良好的嘎查，伊敏支行直接给予嘎查“两委”贷款利率和额度的双重支持，而这个举措也得到了嘎查“两委”的支持和称赞。当然，联保模式在探索过程中也并不总是一帆风顺的，在实践和推广过程中银行也遭受了许多失败。联保模式在有些地区也出现过由于嘎查行业集中度过高且行业本身与外部经济和自然环境因素的关联度过大、贷款资金挪用、垒大户等问题，导致整村信用沦陷，嘎查牧民集体信用破产，银行陷入困境的状况。

联保模式的创新实践，充分利用了“两委”在嘎查的号召力与组织能力，利用集体信用模式来替代个人担保模式，可以有效分散贷款的非系统风险，也有利于通过整体信用上的联系来实现贷款牧民间的相互监督，相互督促；但是同时也可以看到，由于嘎查内的产业相似度过高，在面临系统风险时，联保模式不仅无能为力，甚至还会产生连锁反应。因此在联保模式的创新实践中要更加重视系统风险，要多种方式来抵御系统风险对贷款安全的影响；同时也要意识到联保模式从本质上来讲并没有脱离信用贷

款的范畴，如何维护和培养客户的信用意识，如何应对客户的违约也是联保模式创新的重中之重；最后，联保模式既要重视“联”的部分，发挥“联”的优势，也要重视“分”的部分，实施风险隔离，信用切断，不能让联保模式成为“老赖”的便车。

三、马背银行信贷产品创新的未来趋势

信贷产品是联系着银行与客户的桥梁，信贷产品的设计反映着银行的使命与愿景；同时，信贷产品也是银行的主要收入来源之一，信贷产品设计的好坏，直接影响着银行能否有效地将产品转化为收益。因此可以说信贷产品是银行运营的重中之重，直接关系到银行的生存和发展。而信贷产品设计成功的关键就是在遵守基本原理的基础上，根据银行所处的实际情况，因地制宜，创新信贷模式，创新信贷工具，创新信贷方法，只有通过不断创新，信贷产品的设计才能够适应市场环境的变化，符合客户的需求，为银行创造收益。要想做好产品的创新，必须重视以下几点。

1.以发展的眼光进行产品创新

信贷产品的创新虽然是基于现实情况基础上的创造和开发，但是创新的根本目的，是突破旧有的产品逻辑，突破旧有的设计思维。想要突破这些旧的观念，就必须以发展的眼光来进行产品创新，眼光不能仅仅局限于满足现在的需要，要使得产品具有可拓展性，能够适应变化多端的市场环境。同时，也要明白以发展的眼光来进行产品创新，并不意味着产品的创新可以脱离实际，奇思妙想；以发展的眼光来进行产品创新也要遵守产品发展的客观规律，从现有的、旧的模式中一点点进行突破，一点点进行改变。只有这样，产品创新才能达到预期的成果。

2.以动态的眼光进行产品创新

信贷产品的创新必须要有针对性和目的性，而针对性和目的性就来自于对所处市场环境的认识。只有认识到了市场环境的不同，才能够发现产品设计的创新点，有针对性地进行产品创新，使得产品可以更好地满足客户的需求。但是，这种因地制宜的创新方法也意味着必须以动态的眼光来正确认识产品创新，新型的产品并不意味着就适应所有的市场环境，新型的产品也不意味着就可以适应任何市场的变化；以动态的眼光进行产品创新，就意味着必须时刻进行创新，以创新的眼光来看待“创新”，以创新的态度来检验“创新”，以创新的思路来实施“创新”。

3.重视模式创新

银行信贷产品的创新不同于一般实物产品的创新。对于实物产品而言，由于各要素之间具有比较强的独立性，因此往往通过不同要素的组合，就能达到很好的创新效果。而信贷产品却不同，信贷产品从本质来讲是一套如何筛选客户，如何设定相关参数，如何回收贷款，如何控制风险的模式机制。这其中的每一个环节都是相互联系、相互影响的，单纯地将不同要素进行组合，很可能会打破信贷产品的内在控制机制。因此比起组成要素的创新，信贷产品的创新更应该从整体性出发，优化各个环节，创新信贷模式。

4.重视技术创新

任何产品创新的实施都离不开技术手段的支持，信贷产品的创新也不例外。因此在创新信贷产品的基础以及模式的同时，必须引进新的技术手段来保障和支持产品创新的实施，没有技术手段的支持，就算是再完美的产品设计也难以实现。没有新技术的支持，产品创新的思维将难以解放，产品创新的方法将局限于旧的手段之中，产品创新的实施将难以贯彻，所以要想实现真正的突破和创新，就必须重视技术手段的创新。

第六章

银行的机制建设：信用体系建设

牧民生活的蒙古包

中国传统社会是以亲属宗族为基础的社会，血缘关系提供了信用保障。历史上，经济关系以地缘关系为基础，经济体基本上都是区域化的，人口的流动受到极大限制，社会经济活动被局限在一个相对小的范围内，信用环境也处于相对可控的范围。但是随着社会和技术的进步，人口流动性的增大，交通便利性的增加，人们的活动逐渐超出了原本的范围，经济活动的范围也随之增大，原本的信用约束机制也逐渐失效，社会的信用环境恶化，信用风险成为阻碍经济发展的重要因素。要解决这一问题，除制定相应的法律之外，关键是要建立以征信为核心的信用体系。

征信是指依法收集、整理、保存、加工自然人、法人及其他组织的信用信息，并对外提供信用报告、信用评估、信用信息咨询等服务，帮助客户判断、控制信用风险，进行信用管理的活动。征信的根本目的是为了防范经济主体在非即付经济交往中受到损失，而个体在以往非即付经济交往中的履约历史记录最能反映个体按期履约的能力和意愿。

建立以征信为核心的信用体系，对于银行而言，其重要性主要体现在以下三个方面：减少借款人的逆向选择、提高借款人的违约成本以及避免过度授信。

①减少借款人的逆向选择。逆向选择是信贷交易在信息不对

称情况下经常发生的问题，不良贷款风险往往来自那些积极寻找贷款的人。在信息不对称条件下，那些不良借款者往往可能采用各种手段骗取银行的信任，从而导致银行将贷款投向不良借款者而非优质借款者，即信贷交易中出现了逆向选择问题。

②提高借款人的违约成本。征信系统可以使银行间充分共享借款者的违约信息，对借款者而言，这将会形成一种约束机制：违约行为变成了较差的信号，其他银行在对其放贷时会考虑到信用风险溢价,执行更高的利率,甚至拒绝贷款。为了避免这种惩罚，借款者将会更加努力偿还贷款，这一机制提高了借款者的还款激励，减少了道德风险和商业银行的损失。

③避免过度授信。从借款人的角度来看，借款人有意愿从多家银行借贷。因为从多家银行借贷，既可以降低单笔贷款数额，进而分散信用风险，减少单家银行收取的风险溢价补偿从而减少借贷成本，又可以避免任何一家银行突然收回贷款或减少信用贷款最高限额的风险所导致的流动性冲击。但是由于这种信息不对称的存在，会导致单家银行对借款人产生错误的风险评估，进而导致银行的贷款清收风险增加。通过建立征信系统，可以有效地消除信息不对称，使得银行可以全面地评价借款人的信用风险，避免对单一借款人的过度授信。除此之外，征信在维护社会稳定方面也发挥着重要的作用。实践经验表明，不少企业和个人具有过度负债的冲动，如果不加约束，可能会造成企业和个人债务负担过重，影响企业和个人的正常经营和活动，甚至引发社会问题。

综上所述，征信能够有效地实现信息共享，提高银行的风险识别能力，是现代金融体系运行的基石，是金融稳定的基础，对于建设良好的社会信用环境具有非常深远的意义。因此，对于很难实现与人民银行的征信系统信息共享的村镇银行来讲，建立一套以征信为核心的区域性信用体系是十分有必要的。

李晓峰行长为诚信客户颁奖

一、授信评级体系

银行的授信评级体系与品牌定位、产品定位及客户群体定位是紧密联系的。基于这一考虑，针对牧区地广人稀、牧业资金流转周期长的特点，银行建立了既符合规范而又独具特色的牧区业务授信指标体系、诚信个体客户以及小微企业客户星级评级标准。

整体授信评级的设定，主要根据客户的资产规模、生产经营情况、家庭情况、偿还能力、偿还意愿，特别是征信的还款历史记录情况，分别设定不同的定位措施，最终给予授信的准入门槛。

二、呼和温都尔整村授信模式实践

呼和温都尔嘎查位于陈巴尔虎旗巴彦库仁镇东北 60 公里，最远可达 100 公里，户数为 51 户，人口数为 130 人，呼和温都尔嘎查为优质信誉嘎查，无高利贷与征信黑名单牧民。此嘎查主要以经营畜牧业与经营旅游点为主，牲畜总数为羊 25395 只，牛 568 头，马 1395 匹，民族主要以蒙古族为主，整个嘎查有 64 万亩草场（其中机动草场 29 万亩），人均草场 5000 亩左右，此嘎查牧民均有草场经营使用权证。截至 2018 年 12 月在鄂温克包商村镇银行贷款 29 笔，余额 594.6 万元。2018 年首先与嘎查“两委”宣传银行达日嘎贷款，以此为契机增加与嘎查“两委”委员的关系，嘎查“两委”成员陪同银行信贷人员挨家挨户实地宣传，效果较明显，新增 24 笔，506 万元，现无逾期贷款。

最初该地区的牧民对银行信贷人员还不是很信任，他们认为可能是放高利贷的人，不愿意与他们更多地攀谈。通过与“两委”班子的沟通和协调，与“两委”成员共同下户宣传，才真正开始了巴彦库仁支行的信贷破冰之旅。

从 2018 年 3 月开始，鄂温克包商村镇银行巴彦库仁支行采用整村推进模式，历时近 3 个月的时间，4 个信贷员轮番宣传，并同时进行客户信用信息摸底，深入了解市场情况。在此基础上，分析客户信贷情况，有针对性地调整产品和授信政策，避免同质化竞争以及过度授信。经过三个季度的努力，该地区信贷业务数量有了显著提升。

在信贷服务方面，支行调整集中了整个嘎查的还款计划日期，方便整村管理；同时，利用少数民族员工精通蒙汉双语的先天优势与客户建立良好的沟通机制，并在办理业务时同步进行金融知识的辅导，深化客户对征信、还款要素的理解。

在持续推进整村授信模式的过程中，支行也在不断利用调研以及客户反馈改进自身的不足。通过这次实践，支行在信贷业务办理流程、风险控制、产品调整等方面均获得了宝贵的经验。

三、“吉日格勒”帮扶计划

伊敏苏木毕鲁图嘎查位于鄂温克旗南部，属于鄂温克包商

伊敏支行向毕鲁图嘎查牧民捐赠生产资料

村镇银行伊敏支行的服务范围，距伊敏河镇 25 公里，是以鄂温克族为主体的纯牧业嘎查。土地总面积 35 万亩，草场总面积 18 万亩。总户数为 216 户，其中建档立卡的贫困户 25 户、外出打工 20 余户，截至 2018 年 12 月，银行发放贷款 90 户，贷款余额 1012 万元。

经历了百年不遇的旱灾后，牧民的生活出现了急剧的变化，牛羊资产被迫缩水，还款和生活压力加剧，迫使牧民不得不通过借高利贷来维持基本生活保障，许多牧民濒临破产，甚至有些牧民因此返贫。

萨仁高娃是毕鲁图嘎查达（村长），她通过对牛羊肉市场的观察，结合自身的养殖条件，选定了育肥牛的养殖项目，想以此来实现自身的发展，并带动嘎查的贫困户脱贫，但是一直苦于资金筹措难。这一方面是因为嘎查达本人的资产有限，要想带动一批人共同启动该项目需要大量的资金；另一方面，对于刚刚经历了旱灾的牧民，没有什么有效的担保条件，贷款难。

萨仁高娃贷款前有 700 只基础母羊、36 头本地牛、65 匹马，农机具齐全，牛棚 500 平方米，草场 5000 亩，资产评估总价约

107 万元，其中牲畜资产占比 83.5%。银行的负债 57 万元。按照 2018 年的畜牧业价格水平，现有的还款能力在 5 万元 / 年左右。她的爱人在畜牧兽医站工作，有成熟的养殖保育措施。第一批次帮扶的人员有 8 名，其中有 6 户是建档立卡贫困户，2 户接近贫困线水平，8 户的总资产仅有 15 万元左右，其中牲畜资产占 10 万元左右，银行类负债 85 万元。以这样的资产条件，在各家银行是极难贷到款的。

针对他们的情况，伊敏支行为其设计了专项产品“吉日格勒”（蒙语音译，意为幸福美满），作为银行对该地区的帮扶计划。该产品的条件是，萨仁高娃贷款 100 万元用于扩大养殖，年利率 10.26%，由鄂温克旗信诚担保公司提供保证担保，萨仁高娃为 8 户贫困户提供保证担保，85 万元用于结清银行欠款，同时新增 40 万元贷款金额用于扩大养殖，年利率 4.35%。通过新增贷款额度，扩大养殖，产生的利润用于归还新增贷款及原贷款的本息。整体授信期限 5 年，每年的 3 月、10 月归还利息，每年偿还部分本金。贫困户的还款资金由萨仁高娃负责管理及偿还。2018 年 10 月至 12 月，萨仁高娃分 3 次提取了 100 万元贷款，购买了 20 头架子牛，36 头西门塔尔牛，8 匹带驹母马，目前养殖情况良好，被帮扶的贫困牧民，也对未来的生产和生活充满的了希望。

2019 年，结合目前的经验，伊敏支行继续大力推广大户带动贫困户的方式，当地许多大户已经有了初步的合作意愿，愿意与银行进一步洽谈。在此基础上，为了进一步帮扶困难牧民，降低牧民还款压力，伊敏支行还专门设立了“哈拉木吉”贷款互助储金方案。

通过适当放宽农牧户的逾期准入水平，深入了解客户群体的实际需求，拟定合适的贷款方案，伊敏支行用实际行动诠释了“马背银行”扎根牧区、服务牧民的理念。

四、信用风险管理实践

1.给予宽容，就是给双方机会——差别化的逾期容忍

娜日娜是鄂温克包商村镇银行伊敏支行辖区的牧民客户，女性，蒙古族，37 岁，中专学习的服装设计专业。毕业之后回到家乡，与丈夫从两头牛、一间房开始白手起家，靠辛勤的劳动创造属于自己的美好家园。外表朴实但内心刚毅的她，对生活有着自己的规划。

2014 年，娜日娜看准了畜牧养殖市场，想扩大养殖规模，便找到了鄂温克包商村镇银行。银行以联保的方式为其提供贷款，让其更好的发展。贷款下放之后，娜日娜全部用来买了牛、羊，夫妇二人每天勤勤恳恳地放牧，然而呼伦贝尔几年间赶上了百年不遇的自然灾害——干旱，草场几乎颗粒全无，牛羊无食，在外买进草又太贵，牛羊长势也越来越不好，娜日娜勉强还上联保贷款后，资金已周转不开。部分牛羊不得不低价出售，资产也严重受损。2017 年底，考虑她以往良好的还款历史，鄂温克包商村镇银行决定为其盘活贷款续贷了 10 万元，缓解娜日娜资金周转问题。然而持续 3 年的干旱，让整个呼伦贝尔市的牧民都遭受了重创，畜牧养殖业生产状况每况愈下。2018 年娜日娜贷款出现了多次逾期，每次还不上款，娜日娜都很心焦，她丈夫也外出打工，弥补家用，尽力还款，同时卖了几头牛羊也无法缓解状况，牛羊由原来 50 多头变成了现在的 40 多头，家庭资产缩水。看到客户还款意愿很强，但迫于灾情的无奈，银行为客户减免了罚息，给予了一定时间的逾期容忍。自都兰·乌若服务站成立以来，伊敏支行加强了与牧民客户的紧密联系，为客户提供贴身的帮助，请专家下嘎查为客户解答生产中的疑问，娜日娜也提出了自己的规划，想再贷一笔款，用于养殖肉牛出售，并提前了解了肉牛市场、肉

牛养殖技术等。但最后考虑到自己的抗风险能力，娜日娜认为短期内还是保守投资更适合自己，如果技术不成熟会造成更大的负债。最后娜日娜利用自己的服装专业，参加嘎查扶贫项目，在嘎查活动室缝制民族服饰，发挥自己的特长，在保证贷款偿还的同时拓宽自己的收入渠道。

目前，娜日娜通过自己与家人的努力，已无逾期，能够及时按季度还款结息，且提前打听还款时间与还款金额，做到按时还款，还积极参加都兰·乌若服务站的活动，她的行为对当地牧民产生了良好的影响。

该客户的案例切实体现了银行对牧民客户差异化的风险控制措施，通过微贷的交叉检验方法、对软信息的关注，给予差别化的逾期容忍，贷款盘活，能够体现良好还款意愿、体现契约精神的风控理念。给予宽容，体现马背银行的胸怀，同时也是给双方机会，实现银行和客户的共同成长，为建设美好的草原之家携手前行。

2.雪中送炭·恢复信心——软信息风控的重要性

客户娜林，巴乡牧民，以畜牧养殖为主要经济来源，2013 年 10 月，向鄂温克包商村镇银行新区支行申请贷款 10 万元、期限三年的“那日牧场”贷款，用于经营转型，由畜牧业为主改为以农牧业为主。2014 年，由于呼伦贝尔牧区遭遇自然灾害——干旱，农业收成不好，粮食卖价不高，加之对农业不太了解，收入锐减，还款来源枯竭。2015 年娜林经历了重大交通事故——车祸，事故鉴定结果为娜琳负主要责任，赔偿 80 万元左右。不久娜琳与丈夫离婚，自己抚养孩子。这些重大变故使得娜林处于破产状态，贷款无法归还。

贷款逾期后，团队负责人、管户信贷员第一时间主动上门与客户共同“会诊”，发现其确实没有偿还能力，个人还遭遇重大变故。在确定发生不良贷款的症结的基础上，新区支行信贷人员开始了漫长艰辛的贷款回收过程。根据客户的实际情况，支行信贷员没有简单采取一诉了之的常规清收手段，而是决定运用软信息、通过提升客户的个人信用认识去化解风险。经过反复启发引导，动之以情、明之以理、晓之以利，特别是详细宣讲贷款长期逾期不还给借款人及家庭可能带来的严重负面影响，使客户深受触动。鉴于她情况特殊，确实暂无偿还能力，2017 年 12 月银行为其进行了贷款重组，减免罚息，娜琳非常感激银行在她遇到重大困难时没有逼迫其还款，而是以一种关怀的态度帮助她，她表示哪怕只有一分钱也会还给银行。娜琳平时靠一些小买卖维持生计，冬天包饺子、炸果子，秋天采蘑菇，夏天挖药材，通过自己的艰苦努力，每月按时还款，到目前为止贷款没有逾期。

娜琳案例充分体现了贷后管理及时性和软信息风险防控的重要性。当客户没有了经济基础时，个人道德水平就成了风险防控的重要手段。同时，切合实际，用雪中送炭的关怀，让客户感受到被人关心的温暖，从而产生“留得青山在不愁没柴烧”的生活信心，这是最终保障银行贷款实现清收的有效方法，同时也使客户感到银行与自己同患难，从而与银行结成永久的命运共同体。这些客户的经历，实际上是对马背银行声誉的一种无声的传播。

3.动态掌握客户变化，按实际需求及时给予信贷支持——动态风控

2015~2017 年，呼伦贝尔牧区连续遭遇特大旱灾，草场受灾严重，牧民的生产和生活遭受到了巨大的挑战和困难。面对这样的困难，鄂温克包商村镇银行加大了抗旱救灾信贷资金的投放力度，全力支持牧民采购饲草，保障其顺利开展接羔保育等生产活动。

客户巴拉吉尼玛是鄂温克旗地区传统的蒙古族客户的代表，他居住在鄂温克旗东苏木孟根础鲁嘎查，牛羊养殖是其主要收入来源。2013 年，为了购买高产奶牛，他在鄂温克包商村镇银行第一次申请办理了一笔 10 万元的“那日牧场”贷款。2014 年，银行又为其发放了一笔 10 万元的贷款。两笔贷款的顺利办理，不仅使客户的牛羊数量有所增加，也使客户在扩大生产经营规模的基础上向前迈出了有力的一步。也正是在银行信贷资金的积极扶持下，客户的家庭收入有了明显的提高，其所经营的畜牧养殖业也得到了迅速的发展。因此，2015 年客户选择了提前还款。同年，巴拉吉尼玛在购买打草设备时，再次面临资金不足的困境，为尽快解决其燃眉之急，银行经过重新评估再次向其发放了一笔 20 万元的那日牧场贷款，只是这次不同的是，贷款金额在之前的基础上翻了一倍。记得拿到款项的那天，客户喜悦的心情溢于言表。后期，客户顺利购买到了用于生产经营的拖拉机和打草设备，不仅解决了生产经营困难，还有效节约了生产成本。

近年来，伴随着呼伦贝尔地区旅游业的蓬勃发展，巴拉吉尼玛又有了新想法，想借助自家居住的伊敏河畔的自然风光发展“家庭牧户游”。尽管近几年他积累了一部分资金，但离家庭牧户游所需的筹建资金还差很多，于是他再次找到了银行。由于多年来双方良好的合作关系，银行又为其办理了第三笔 20 万元的贷款。2018 年夏天，该旅游点已完成前期的基础投入，开始对外经营。

近几年，由于旱灾，羊的存栏量明显下降，为了来年能有一个好的收入，巴拉吉尼玛坐不住了。为了储备过冬的饲草，2017 年巴拉吉尼玛来到银行寻求帮助。了解到客户遇到的困难，银行快速为其发放了一笔 2.5 万元的购买饲草的贷款，使他渡过了难关。因为有足够的饲草过冬，他家的牛羊又卖了一个好价钱。目前，他已将之前的贷款全部结清，又重新申请了一笔 20 万元的新贷款。

如今，巴拉吉尼玛一家已经是他居住的嘎查中较为富裕的家庭了，有大牛32头，牛犊21头，基础母羊510只，羊羔300只，马8匹，小马驹4匹，家中棚圈等各类生产设备一应俱全，资产规模由贷款前的61万元增加至97万元，目前银行负债40万元，年景正常情况下的年收入能力能达到20万元。

巴拉吉尼玛也非常感谢银行的帮助，现在他是牧区先进客户，也是银行的忠实客户。从巴拉吉尼玛的案例可以看出，银行根据客户的动态资金需求情况深入了解，不断调整贷款产品和结构，并进行良好的贷后管理，是银行进行风控管理的有效方式。适时评估客户发展情况，不断给予适当的支持，是促进双方共同发展的关键点之一。

4.多行业经营风控要点分析——新区支行敖音毕力格实例

敖音毕力格是鄂温克旗朝克嘎查的牧民，一直生活在少数民族地区，作为达斡尔族的他，对民族文化有着特殊的感情，致力于发展当地经济，所以他经营着最具民族特色的两个行业——畜牧养殖业和旅游文化业，相对于单一畜牧养殖业的客户，这类客户的准入标准、调查标准、贷后管理标准也相对复杂，新区支行客户经理在了解客户基本情况后，进行了全面的贷款分析。

2011年敖音毕力格向鄂温克包商村镇银行申请第一笔贷款10万元，当时他对于金融融资还不太了解，抱着试一试的态度，与银行开始合作，据他回忆，当时他没有合适的抵押物，以为无法贷款，没想到找了个保证人，竟然获得了10万元的资金支持，他用这笔资金将自己的畜牧业资产从60头发展到90头，经营收入得到大幅提升。

2013年，他想将自己的“恩阁乐达斡尔民俗风情园”做大，继续为弘扬自己的民族文化而努力，他将自己的想法与银行客户经理进行沟通，银行在考量了其主营业务的收入情况及贷款用途的合理性后，给予他62万元的资金支持，当时民族文化园的经营仍在起步阶段，银行的资金支持对于他的事业发展是极为关键的。

2016年，因生产经营发展需求，敖音毕力格第三次向银行申请了90万元贷款。自2011年与银行开始合作后，他一直对银行充满了感激之心。以前一直以为像他们这样的牧民，在没有抵押物的情况下无法获得贷款，更不要说是大额的资金支持，因此他特别重视银行的信用记录，在一次日常贷后时，客户经理询问客户，在遭遇三年自然灾害及养殖成本大幅增加的情况下，如何按时偿还贷款，他竟表示通过民间高利贷融资方式来偿还银行贷款，客户经理在了解客户的实际经营情况和困难后，主动申请为其调整还款计划，帮其渡过了经营难关，也杜绝了高利贷融资的巨大财务风险。现在客户愈发信任银行，并主动成为银行的信任使者，一方面宣传着自己的民族文化，一方面用切身经验宣传着信用的重要性。总结此类客户的特点，银行在处理多行业经营的小微客户时，在单一行业客户分析的基础上，应充分分析其主营业务，考虑主营业务是否可以覆盖还款额度，是否具备持续稳定发展的条件，在分析次营业务时，主要考量是否存在亏损的可能，如果亏损对主营业务的影响和损失，客户的软信息也很重要，是否勤劳肯干、有责任心、重视信用，此类客户切忌好高骛远、盲目投资，过多经营项目易分散精力，无主营业务很容易造成经营不稳定和失败。在调查了解过程中，应注意不同的类别问题与不同的人员沟通，例如财务信息应与财务人员沟通，经营历史和计划应与老板沟通，而且可以通过和员工沟通交叉检验经营的状况。

此类客户虽然分析较为复杂，但其综合抗风险能力较强，是需要重点开发和维护的客户群体。这类群体在贷后管理中，也要关注所涉多个行业的宏观经济环境变化，主次经营是否有调整，是否出现其他新增经营等情况。

多年来，鄂温克包商村镇银行一直伴随着敖音毕力格的经营发展，也见证着客户的成长。鄂温克包商村镇银行始终秉承着这样一种理念：只要客户具备好的还款意愿和基本的还息能力，银行愿意在他们经营遇到困难时，继续给予帮助和支持。新区支行客户经理对此深有感触："作为一名合格的客户经理，最重要的是愿意去和你的客户接触、沟通，而且不要吝惜你的沟通，因为有时候最简单的沟通，往往是把控风险的最关键的一步"。

5.征信白户贷款准入条件——白户贷款案例

普惠金融是指以可负担的成本为有金融服务需求的社会各阶层和群体提供适当、有效的金融服务，小微企业、农民、城镇低收入人群等弱势群体是其重点服务对象，其中也包括很多征信"白户"。国际上普惠金融的实践对于"白户"已经有了相对成熟的信用评级方式，银行与评级公司的合作非常密切。而国内数字普惠在这方面也走在了前列，充分利用"互联网＋金融"手段开展信用评估，进行综合授信。作为农村中小金融机构，鄂温克包商村镇银行采用微贷技术，实施信贷人员调户、交叉检验的方法，对"白户"实施准入。2019 年开始结合传统技术与大数据技术，使信贷模式步入数字时代。

鄂温克包商村镇银行新区支行客户巴图苏和就是一个很好的例子。巴图苏和是鄂温克旗锡尼河西苏木西博嘎查牧民，2015 年来银行申请贷款时，征信记录显示其名下无任何贷款。接待巴图苏和的信贷员对于这种"白户"贷款给予了额外的"关照"，查得非常仔细。针对该笔"白户"业务申请，新区支行信贷员及时开展贷款调查工作，有效掌握巴图苏和的各项基本信息，他申请贷款用途为购买汽车，主要为夫妻双方异地交通使用，兼职接送学生挣取额外收益。

信贷员主要从“白户”的还款能力、还款意愿、财务状况及信用软信息等方面评估资质，针对巴图苏和主要进行以下几点调查：一是了解客户是通过什么渠道来银行咨询业务的，选择来银行办理贷款的理由，过程中发现该客户非常关心贷款利率，多重对比银行与同行业间的利率优惠幅度，可以看出该客户非常精打细算，重视利息支出；二是详尽调查客户资产状况，巴图苏和在整个牧区发生严重自然灾害情况下，仍能保持原有牲畜数量，这在牧区是非常罕见的，说明巴图苏和有相当的畜牧经验或备灾资金；三是了解客户家庭成员各项信息，严格防范多头贷款风险，此期间也发现一个有趣的现象，就是巴图苏和的亲戚们对于其要贷款这件事很诧异，会有“他家这么好的条件怎么还贷款”的疑问；四是评估贷款用途是否合理，巴图苏和夫妻时而异地居住，确实有购车需求，因不想通过牲畜变现来购买，所以选择贷款，但也非常谨慎，不想支出额外的利息费用，且购车还有兼职接送学生的用途。

银行 2015 年首期给与巴图苏和核定了 10 万元的贷款授信，贷款期间巴图苏和还款状况良好，从未出现过逾期，且于 2016 年提前还款。2018 年巴图苏和又因新贷款资金需求，来银行进行二次贷款，贷款额度为 30 万元，主要用于扩大畜牧经营。可以看出，银行对“白户”的贷款业务，主要从风险防控角度出发，循序渐进，进而有效培育，通过前期的严把关，到后期的信任及优化合作条件，逐步提高授信额度，建立牢固的、诚信的业务合作关系，努力将“白户”培育成优质忠诚客户，长期稳定的合作下去。

6.贷款全流程风控要点分析——毕力格信贷操作七步法

六年前，毕力格套特格从内蒙古财经大学毕业。他老家在通辽，因为向往草原，喜欢银行的工作，毕业时刚好知道了草原上的马背银行，便背起行囊只身一人来到了鄂温克。六年来，他累计放款 8186.40 万元，放款笔数 746 笔，维护存量客户 317 户，所发放贷款零不良，服务客户遍布巴彦哈达嘎查、白音布日德嘎查、完工嘎查、雅图格嘎查、恩和嘎查、阿尔山嘎查、特尼河牧场等 9 个苏木、牧场和嘎查。

由于出色的工作业绩，2018 年毕力格成为马背银行首批“雄鹰领航计划”信贷人才和“信贷工匠”，2019 年成为鄂温克包商村镇银行巴彦库仁支行业务一部经理。在宏观经济如此严峻的大环境下，仍然保持贷款质量零不良，绝非偶然，而是源于毕力格的特殊工作方法。

首先是客户经理之必备心态，毕力格用十字概括：“沉下心、吃得苦、胆大心细”。他讲过一个真实故事。那是他的第一笔业务，发生在呼伦贝尔最冷的冬季，一望无际的白雪厚厚地铺在草原上，在距离巴彦库仁支行 130 公里的毕鲁图嘎查，牧民客户正在等待

客户经理在牧区调查

毕力格的金融服务。在去往客户家里的路上，毕力格误了两次车，一早出发到达客户家里时天已经快黑了，当时他心里五味陈杂，开始质疑自己做的工作，一方面害怕遇到质量差的客户无法辨别，另一方面面对着恶劣的工作环境更是感觉“苦不堪言”，23 岁的小伙子内心非常委屈。但当他来到客户家里时，呈现给他的是暖和整洁的俄罗斯木质房子，淳朴热情的牧民朋友，还有可爱的牛羊。这时他突然想到，自己热爱草原，这不仅是一份工作，更是一份理想。怀着这样的心态，毕力格最终顺利完成了第一笔业务，这住牧民后来也成为了毕力格的诚信客户。

毕力格的职业生涯也从此开始。正是工作的苦与难，才成就他的成绩和人生价值。作为客户经理，在面对艰苦的牧区环境、复杂的客户时，必须沉下心来，走近牧民，有胆量处理各种复杂的情况，但同时具备细腻的观察力和判断能力。

其次，客户经理要具备系统的信贷方法，毕力格归纳出“七步法”：第一步，申请环节多沟通，这时往往是客户最没防备的好时机，围绕着贷款用途、财务状况、家庭基本情况进行提问，用审慎的态度来分析问题，对客户进行初步筛选和判断；第二步，注重交叉检验，通过两至三名与申请人有关联的人员，验证申请人的财务信息和软信息；第三步，做好心理暗示，与申请人沟通、调查时，提前说明需要如实回答问题，如果提供虚假的资料和信息，会永久进入银行的“黑名单”，这样申请人在说谎时，也会考虑这种说谎成本，更容易获得真实信息；第四步，注重贷中沟通，在编制调查报告期间，也需适时、及时沟通，进一步讲清利害关系；第五步，对客户进行分类，按客户类别适度沟通，值得强调的是客户经理应该养成在放款阶段为客户详细讲解还款计划表的固定习惯，再次强化客户的还款意识；第六步，做好贷后管理，客户经理应养成全面贷后管理的习惯，实时关注客户财务状况和家庭情况，要利用好台账和预期表，提前进行还款提醒；第七步，对于发生逾期的客户，应分析逾期原因，根据逾期原因，采用相应的催收方式。

最后，客户经理应注重客户关系管理，成为客户的好朋友好兄弟。

一是将客户当作“亲人”。据毕力格总结，风险不仅是自然灾害、经营失败等客观原因，更重要的是主观原因，即软信息风险又称“人品风险”，因此客户经理应该跟客户多沟通和交流，让他们感受到你的真诚，同时让他们知道我们不是“一次交易”，我们是长期合作的伙伴，当客户感受到你的真诚时，逾期自然就很少了。

二是尊重客户及他的家人，尊重他的想法，当客户感受到你对他的尊重后，自然也会对客户经理尊重，这样在客户遇到困难时，他们会第一时间告诉你，使你了解到客户的真实信息。

三是合理地维护客户利益，让客户知道你在关心他们的利益，客户自然将你当做信任的人。

从毕力格的工作方式，我们可以看到他良好的心态以及在信贷管理方面的专业与坚持。他脚踏实地,用一颗真诚的心面对工作，面对客户，这是一个客户经理、一个优秀信贷员必备的素质。

五、展望互联网大数据时代信用体系建设新蓝图

随着移动互联时代的发展，电商企业和电子支付快速成长，互联网大数据技术在中国迅速发展，大量的社交信息、浏览信息、电商流水信息、供应链信息等进入征信考虑的范畴。

鄂温克包商村镇银行紧跟信息技术发展的步伐，将数字化、科技化建设列入五年发展规划，探索由大数据信息支撑的授信新标准，对信用体系进行革新，利用金融科技手段，引导信贷业务，实现线上引入、线上审批、线上放款和线上贷后，提升信贷业务办理效率。

第七章

银行的机制建设：员工激励约束机制

激励约束机制的建设，是现代股份制公司都不能避而不谈的问题。由于股份制的出现，使得公司的所有权和经营权产生了分离，这样虽然一方面使得股东能够更加有效地利用自己的资本，使得具有管理才能的管理人员得以发挥自己的专业才能；但是另一方面也使得股东对公司日常运营的控制和监督在逐渐弱化。同时，就目标而言，股东与管理人员也不一致。股东的目标是通过经营公司，提升业绩，使得自身的利润能够最大化；管理人员的目标并不是实现公司的最大化利润，而是通过维持稳定的运营和管理，来保证自己的职位和个人收益最大化。因此，现代股份制公司这种将所有权与经营权相分离的制度，天然地就造就了这种矛盾的出现。

这种问题的解决必须依靠合理的激励约束机制。通过激励机制减少股东与管理人员在实现目标上的分歧，使得公司的经营方向和管理目标保持一致，鼓励员工努力工作，不断进步；通过约束机制减少管理人员的机会主义行为，减少员工工作上的懈怠与不负责任，只有这样才能确保公司上下一心，凝聚力量，不断前进。

一、激励约束理论

激励约束理论，概括来讲，就是通过一定的机制设计，使得代理人的行为能够符合委托人的要求，同时委托人也应提供足够的报酬来满足代理人的需求并保证代理人能够努力工作。激励约束理论的理论基础大致可以分为三个方面。

人力资本理论。人力资本理论认为，人力资本是财产的一种形式，是存在于人自身的，知识、技能以及身体条件等，是人固有的属性。人力资本不同于其他物质财产，它内生于人而固化于人，无法利用外生条件使其增值。因此就必须要设计激励机制来促进人力资本所有者自发性的增值其人力资本。

委托—代理理论。在委托—代理理论中，将公司的所有者看成委托人，公司的员工看成代理人，委托人和代理人之间会形成一种博弈关系。委托人在公司的运营过程中实现自身的利益最大化，与此同时，代理人也是在公司的运营过程中实现自身的利益最大化。但是一般情况下，委托人和代理人所要实现的利益目标是不尽相同的，因此代理人在追求自身利益最大化的过程中可能会损害委托人的利益。而委托代理理论就是要通过激励约束机制来降低信息的不对称、代理人的逆向选择以及道德风险。

管理学理论。管理学理论是从公司管理的经验总结以及对员工的心理因素研究而形成的激励约束机制的相关理论。管理学理论一般认为员工的行为是为了实现其自身的需求，因此必须通过机制的设计将员工需求的实现与公司的目标有机地统一在一起，才能够有效地发挥员工的能力，实现公司的发展。

目前，经常被采用的激励约束机制主要有以下几种：一是物质激励机制，可以分为短期的工资、福利以及奖金等物质激励，也有长期的股票期权、员工持股等。其中短期激励手段由于其相对稳定，没有风险，因此激励作用相对较小，而长期激励手段由于将公司的经营风险转移到了员工的利益当中，因此相对来说激励作用较大。二是控制权激励，控制权激励是从人的心理需求出发，通过所有者将权力下放给管理者，使管理者能够在经营公司的过程中获得成就感、满足感。三是晋升激励，晋升激励主要是通过提升员工的职位，使其感受到工作得到了认可，自己得到了重视，从而在心理上满足了员工被人认可以及被人尊重的需求。晋升激励一般较多地用于层级化管理的公司。四是规章制度，规章制度主要起到的是约束作用，通过明文规定，将公司运营过程中不应该出现的、应该被禁止的事项，以书面形式确立下来，从而对员工的日常行为起到约束作用。五是竞争约束，竞争约束主要是建立一种淘汰机制，使得员工在工作中存在危机感，使其必须努力工作来维持现有的待遇水平。

二、马背银行激励约束机制建设

1.激励政策

目前，鄂温克包商村镇银行的激励政策主要侧重于对于员工的培养，建立明确、公平、公正和公开的晋升通道以及合理的薪酬制度这三个方面。通过积极为员工创造自我提升的条件，激发和增值员工自身的人力资本；通过建立相对稳定的晋升通道，将优秀的员工不断输送到各个关键岗位上去；通过合理的薪酬制度匹配员工的努力和贡献。

（1）人才培养

鄂温克包商村镇银行自主地进行人才的培养和考核，过程和结果并重，不但为员工创造学习和提高的环境，还通过现场汇报、调阅资料以及员工谈话等多种形式对员工进行考核，准确把握员工的业绩贡献和行为表现，并起到督促员工主动自我提升的作用。

（2）干部储备

为切实加强干部队伍建设，建立科学规范的人才选拔制度，保证人才梯队建设的持续性、有效性、科学性，鄂温克包商村镇银行制定了相关的选拔标准和选拔程序，选拔出素质好、有培养前途和

员工自创情景剧《鄂温克婚礼》

发展潜力的优秀干部，为总行及分支机构提供后备力量。干部储备，主要通过民主推荐、人事部门考核、董事长行长联席会议研究确定的程序进行选拔，通过集中培训、个别指导、外派培训以及挂职锻炼等方式进行后备干部的培养。除了主动培养之外，银行还鼓励内部竞聘，本着“公平、公正、公开”的精神，以“内部优先”为原则，通过资格审查、笔试、面试、打分等形式选拔内部优秀人才。

（3）重点培养

为提高人才培养效率，加快员工成长速度，满足银行的人才需求，保证银行的发展，银行对认同马背银行文化理念，具有献身牧区普惠金融情怀以及扎根呼伦贝尔草原意愿，服从统一安排，愿意承担额外工作任务，愿意承受额外工作压力，考核成绩优异，具有相关专业特长或技能特长的稀缺人才进行重点培养。重点培养对象享受优先匹配学习和培训资源、优先参与全行性项目工作、高层领导定期专门指导的政策。

（4）薪酬改革

柜面人员以调动员工的积极性，提高工作效率，杜绝搭便车现象，体现按劳分配、多劳多得为原则，根据业务量调整工资。信贷人员以利润为导向，以质量为基础，按劳分配、多劳多得、少劳少得，上不封顶、下不保底，执行统一标准，统一核算，薪酬调整精确到人。

以上所有制度体现出了鄂温克包商村镇银行在人才培养和员工激励方面的理念，那就是银行对所有员工一视同仁，对所有愿意自我提升的员工都会给予培养和支持，对所有愿意为牧区普惠金融做出贡献的员工都会给予机会以及表现的舞台，对所有愿意努力工作、不断奉献的员工都会给予丰厚的回报。在银行发展的历程中能够如此成功地发掘和培养出这么多优秀的人才，与银行建立的有效的激励机制有着分不开的联系。

每年一次的冬季全员环城长跑活动

2.约束机制

鄂温克包商村镇银行不但通过建立有效的激励机制来激励员工不断努力，也通过设置严肃的约束机制来令行禁止，来保证银行以及客户的利益不受损失。

（1）审查排查制度

为防范道德风险和操作风险，鄂温克包商村镇银行对信贷人员重点审查其业务办理过程（含贷前调查、贷时审查、贷后维护）中违反国家法律、违反行业监管部门法规、违反银行规章制度的行为及后果。同时对能力不足导致工作纰漏、工作态度不端正、不用心导致履职瑕疵以及贪图私利、有意隐瞒（虚构）事实，默许、放纵或协助客户对银行进行欺诈的信贷人员进行甄别和排查。

重点排查的行为包括但不限于冒名、借名贷款、虚假担保、虚假抵质押、收受好处、贷前调查严重失实、超授权办理重组导致风险扩大等方面。并且审查期间向客户、银行相关员工定向发布告示，告知相关情况并征集问题线索。对于发现的问题，结合后果追究责任。其中，行为情节轻微、导致经济损失（包括已经形成和可能发生）数额不大、未超过全行平均水平，可从轻处理；情节严重、损失严重追究经济赔偿责任，触犯国家法律的移交司法机关处理。

（2）员工行为禁令

严禁以各种形式参与民间集资、融资；严禁利用职务之便泄露或向他人提供客户信息；严禁向贷款、授信客户及行内外其他人员泄露银行包括审贷会在内的全部业务决策过程信息；严禁利用职务之便向他人泄露银行未经公开的人事、工程招标以及其他重要业务、业务决策信息；严禁以任何名义索取、收受客户钱物，接受客户宴请，以及以低于市场的价格购买客户经营的产品和服务；严禁私自在其他各种经济、社会组织中担任职务；严禁在营业场所与客户争吵，以及以言语、动作侮辱客户、损害客户尊严；严禁员工在工作场所相互谩骂、打斗；严禁管理人员以言语、动作侮辱打骂下属、损害下属尊严；严禁工作日中午饮酒，上级不得强令下级饮酒，严禁女员工在公务接待活动中饮酒。对于违反禁令者，员工给予不低于待岗、管理人员不低于撤职的处分，情节严重者直至开除。

（3）文明饮酒规定

上级不得强迫下级饮酒。员工陪同领导出席公务活动，因过量饮酒造成不良后果的，同行领导承担主要责任。不提倡女员工在公务活动中饮酒。员工经批准在公务活动中饮酒，或在工作之外饮酒时，均应倡导文明健康酒文化，量力而行，不为难他人。严禁员工酒后驾驶公、私机动车辆，或将公、私机动交通工具交给处于饮酒后或醉酒状态的来访客人及其他人员驾驶。

（4）红白喜事规定

破除陈规陋习，喜事新办，倡导文明健康风尚。员工不论职务高低，遇本人及亲属各类红白喜事，应节俭操办，不攀比、不铺张、不浪费；邀请同事参加不越级、不跨部门，并以本人的事或本人操办的事为限；礼金（物）以表意为主，应遵循对等往来的原则；党员、干部要带头，自觉移风易俗、勤俭节约、文明办事，抵制讲排场、比阔气、大操大办等不良习气；严禁各级干部借婚丧嫁娶之名收取下级员工钱财；不得在生日、升学、乔迁等宴请活动中收受同事礼金（物）；要发挥工会、共青团等群众组织在沟通员工感情活动中的作用，员工遇有各类喜事，由工会或共青团出面，采用有文化、有品位、有创意的方式表达银行全体同事的关怀和祝福；员工在办事过程中如有困难或需要，由工会、共青团召集员工帮助解决。

（5）员工行为规范

员工要有文化认同感，认同银行文化、使命、愿景，与银行共同前进。员工要尊重客户，维护和尊重客户的权益，热情，有礼貌，保护客户隐私，不误导客户，不侵犯客户权益，提升银行的服务声誉。员工要尊重同业，公平竞争，不诋毁同行业的产品，向同业学习，共同营造和谐的市场环境。员工要有法律意识，合法合规经营，遵守职业法律，任何情况下都不得以违法、违规为代价追求经济利益。员工要遵守行规，作为银行的一员要遵守行业的规则，也要遵守银行的规则，遵守银行的基本行为准则，遵守禁令，遵守业务制度，遵守部门规章。员工要重视民族团结，尊重少数民族传统习惯与风俗，重视民族交流。

员工要爱岗敬业，有工作责任心，敢担当，创造价值，争当楷模，在工作学习生活中要有积极进取的精神，有追求卓越的心，追求各自工作岗位上的极致，注重细节，抵制偷减，拒绝伪劣。员工要终身学习，学无止境，要不断学习新的知识，新的规则，向周围的人学习，向同行学习，在工作中学习，在生活中学习，不断提升自己。员工要廉洁奉公，不受金钱诱惑，保持理性，做出正确的决定，秉持公平公正的态度，走正规的信贷流程进行业务办理，不能利用公权谋私利。员工要有安全意识，遵守交通规则，抵制酒驾，加强防范，保护员工、客户的人身安全，保护银行资金的安全，时刻警惕防范意外事件，妥善处理紧急事件。员工要有保密意识，作为银行的员工要遵守保密制度，维护银行员工的利益，避免因失误给员工和银行造成重大损失。

员工要有高尚人格，树立正确的三观，有清晰的理想，坚定的信念，坚决不触碰道德的底线，不做有损个人、银行声誉的事。员工要勤俭节约，避免铺张浪费，节约办公资源，倡导绿色生活。员工要诚实守信，重视个人征信，按时还清各金融机构的贷款，避免出现征信不良情况，如实上报工作问题，不虚报工作业绩。员工要有创新精神，不断开发新的金融产品，善于反思，善于利用创新思维解决问题。员工要有公益之心，扶贫济困，积极投身公益事业，帮助他人。员工要注意仪表，衣着整洁得体，态度热情。员工要重视自身健康，注意规律作息，规律饮食，经常锻炼。员工要尊长爱幼，尊长爱幼是中华传统美德，银行要继承与发扬尊重领导，尊重老师，爱护新员工的美德。员工要注意日常交往，上级与下级不得有利益输送；同事交往，应当互相鼓励、理解、支持，不得恶语中伤；异性交往要有分寸，不得过分亲昵。

（6）专项整治

为严肃纪律，净化队伍，维护银行声誉，树立银行在牧区基层群众中的良好形象，鄂温克包商村镇银行经常性地开展信贷业务人员收受客户财物行为专项整治工作。重点整治行为：信贷业务人员在受理业务过程中，收受借款人（含中介）金钱或等价物；信贷审批人员（包括管理人员）在安排和审批业务中收受借款人（含中介）金钱或等价物；信贷业务有关人员过年、过节收受借款人钱、物、礼品；工作人员通过近亲属或其他特定关系人向银行贷款客户索取、接受钱物；通过各种方式在客户公司或关联经济实体直接或间接获取经济利益；通过各种名义，以低于市场的价格从客户处购买商品或获取服务；其他利用银行工作或职权便利收取客户及其相关人好处。

（7）反馈举报制度

鼓励客户反馈举报以下违法违规行为：员工在办理业务前后

以任何理由收受客户钱物（包含购物卡、代金券等）；员工未经银行批准以任何理由接受客户宴请，接受客户安排的娱乐消费，或以明显低于市场的价格购买客户或客户关联人出售的商品或服务；员工以办理贷款为由在合同约定利息以外向客户收取各种明目的费用；员工鼓动、撮合客户借名放款、为他人担保；员工通过其他手段获得客户及其关联人的不正当利益；员工私自保存已拒绝客户（明确告知为不符合放款条件客户）的有效申请资料、证件或签名空白资料；员工未经授权以银行名义或以银行合作方名义，以办理贷款或其他理由收取费用。

3.员工素质提升

为了增强银行业务能力，提升员工素质水平，鄂温克包商村镇银行设置了多种形式的培训机制，例如：

①塔拉讲堂。为实现员工培训的成本可控以及操作可行，银行采取内部讲师与外部讲师相结合的培训模式，内部的讲师对部门员工进行培训教育，能够结合银行的实际业务，能够确实提升员工业务能力；外部讲师对员工进行专业性的理论指导，能够开拓员工的视野。同时，银行还创造多种员工交流学习平台，通过课题研讨，增加员工之间互相学习、互相帮助的交流氛围，增加员工对科研成果以及产品开发的参与程度和认识。

②塔拉微金融学社。学社于 2013 年 5 月 20 日成立，其宗旨是在遵守宪法、法律、法规和国家政策，遵守社会道德风尚的前提下，对有关村镇银行发展的课题进行探讨，对创新产品进行研发。学社的主要活动包括以下五个方面：普惠金融理论研究，自主研发适合市场和客户需求的新产品、新方案、新工具，研究探索加强内部管理、防范经营风险的机制和举措，培养一批适应银行发展需要的专门人才，研究银行文化建设，发挥协助作用。学社成立五年以来，积极

参与银行文化品牌研究、内控机制建设、标准化管理等理论和实务课题研究，为银行文化背景、管理提升和对外宣传交流发挥了积极作用。同时，也为培养专门人才提供了良好的平台，激发了团队活力，使银行员工更深刻地理解了银行的使命和文化。

三、金融即人：从塔拉微金融学社看马背银行的员工激励约束机制

2018 年 7 月 8 日，北京大学王曙光教授在银行“塔拉微金融学社”讨论会上，对塔拉微金融学社的机制和模式给予高度评价，并详尽讨论了塔拉微金融学社的作用、目标与角色，探讨了马背银行人才培育和员工激励约束机制的构建。以下是王曙光教授发言的摘要。

> 刚才李倩董秘对塔拉微金融学社 2013 年成立以来的工作做了一个非常好的总结，我也很受教益。作为学社创建者，李倩董秘在郭建荣董事长的领导之下做了大量的开拓性工作，应该说创建了塔拉微金融学社的一整套工作机制和方法，很了不起，为微金融学社奠定了很好的基础。塔拉微金融学社五年的开拓性经验，在村镇银行尤其是边疆民族地区的村镇银行中，具有一定的可复制性。我觉得塔拉微金融学社开创了一个非常好的工作方法，员工们在银行内部形成了一个工作坊，在这里大家结合自己的小微金融业务经验和工作中遇到的挑战进行交流,互相切磋。这种学社内部的学术性交流很有实效，我感到，塔拉微金融学社确实是一个在国内村镇银行界很罕见的有章法、有内容、有效果的银行内部学社，很有创造性，也很接地气。

塔拉微金融学社的作用体现在以下五个方面。

第一个作用，塔拉微金融学社是银行员工自我教育、终身学习的一个平台。学校教育存在很多不完善的地方，即使我们在大学里接受了博士研究生层级的教育，我认为也是非常残缺、非常不完善，甚至是比较肤浅的，因为金融机构大量的生动的实践是很难在大学里展示的，金融机构所面临的不同地域的丰富多元的金融生态环境也是大学里难以体会的。所以我们的员工在银行内部的这种学习机制非常难得，弥补了学校的专业学习的不足，使员工可以终身学习，不断提升。银行还有若干员工是来自于非金融领域，比如新闻传媒、中文、社会学或民族学等等，这些员工来到塔拉微金融学社，可以在银行内部就解决专业学习的问题，可以就近与同行进行交流，把金融业务提高上去，对于这些非金融专业毕业的员工，他们通过塔拉微金融学社达成终身学习自我成就，意义就更大。所以微金融学社是员工拓展知识面、开展职业学习的重要场所、平台和机制。

第二个作用，就是塔拉微金融学社为大家研究区情（区域经济发展的特点和趋势）、行情（银行的经营管理模式以及创新）及整个行业动态（中小银行业的发展趋势）、拓展知识层面提供了一个很好的平台。我们坐在一起，不是读上级的文件，也不是简单地宣讲已经发表的政府报告，我们是来研究问题的，是来研究本地区、银行业的发展动向的。比如刚才曹卜水关于牧业、牧区的基本情况，关于鄂温克地区马牛羊的繁殖规律以及牧民贷款应注意的问题的讨论，那些东西很接地气，对银行的运营极为重要。我们就需要学这个东西，我们对于区情的了解，对于我们企业本身的了解，对整个行业的了解，都可以在塔拉微金融学社这个平台上得到深化，大家互相沟通信息，为银行将来培养研究型团队打下基础。

第三个作用，就是培养员工的金融创新理念。银行的基本性格是稳健，要防范风险，但同时也要创新、日新。因为你每天会遇到新的情况，牧民会经常提出各种新的不同的贷款要求。因为人是不一样的，家庭是不一样的，他家里的资产与产业情况都不一样，我们要针对这些不同的牧民，给他量身定做不同的金融产品，这些量身定做的产品需要我们每个员工具备创新精神，并且要有针对不同客户灵活制定不同金融产品的能力。我相信通过塔拉微金融学社的培养和沟通，能达到激励员工创新的目的，能够极大地提升员工金融创新的能力。我们在日常的讨论中，要针对不同案例，大家集思广益，看看针对这个客户需要什么样的金融产品？这样的案例讨论，会非常有效果的，而且银行内部的各部门员工一起讨论，收获会很大。

第四个作用，就是塔拉微金融学社成为银行联系外界的一个重要桥梁。李倩董秘这几年来利用她在业界的感召力，吸引了很多在农村金融业界有影响力的专家，这些专家进入我们塔拉微金融学社大讲堂之后，给我们的员工传经送宝，给我们带来新的方法论，带来外界对于普惠金融、微型金融的最新信息，带来更新的视野和格局，我觉得对于银行员工的整体素质提升是极其重要的。

第五个作用，我们塔拉微金融学社还是展示员工风貌和形象、打造马背银行企业文化的重要载体。郭董事长以及核心高管领导班子最关注的，是通过各个方面的机制设计来打造一个企业文化的总体框架，从索伦书院的创建，到塔拉大讲堂的引进外智，再到塔拉微金融学社的内部学习机制建设，再到我们这个“都兰·乌若——温暖的家”小微金融服务站的设计，其实无时无刻不在打造一个企业文化。银行的企业文化有一个特别好的载体，就是我们的塔拉微金融学社，这个学社对外彰显了一个形象，就是我们是一个极其富有活力、极其富有学习精神、极其富有探索精神的团队，塔拉微金融学社是一个企业文化展示窗口。

塔拉微金融学社的目标是培养人才。银行的整个运营和发展，银行的未来竞争力和生命力，都在于人。人的培养是极其重要的。在日本企业管理界，有一句话叫“企业即人”。企业首先就是人，企业的发展取决于人，企业的兴衰系于人，企业的文化归根结底是人的文化。我们也可以说，“金融即人”，金融的核心是人，首要的竞争要素是人，银行的精髓是塑造人。银行十年的奋斗，最大的收获是收获了人才，锤炼了团队。塔拉微金融学社的人才代表着银行的团队精华，也代表着银行的未来。你们是最具有战斗力的团队，没有你们，这个银行就不存在。那么银行要培养什么样的一群人呢？我想我们培养的人才一定是具有创新意识、具有担当意识、具有全局意识、具有竞争意识、具有团队意识的一群人。我们不光有热情，我们还要有以上这几个意识，才能成为银行的中流砥柱。对银行来讲，塔拉微金融学社就是为了培养大家，培养这样一批人而设置的。一方面要提升我们在业务方面、在经营管理方面的各种才能、技能，提高员工的判断能力、对风险的把控能力、在放贷过程当中对客户的理解能力，从而全方位地提高企业中的“人”的知识素质和综合能力。

当然除了业务、知识、技能层面之外，银行还要着重培养有境界、有节操、有伦理的更高层面的人。这是塔拉微金融学社更高的目标。金融的本质是伦理，因为它的最核心最精髓的东西都关乎“人”，金融机构本质上是在处理和协调人之间的伦理关系和社会利益关系。因其“关乎人”，所以金融的核心就不是“术”的层面，而是伦理的层面，道德的层面，操守的层面。我相信塔拉微金融学社的最终目标，应该是塑造一个“全面发展的人”。不能简单地认为一个人很聪明就特别适合做金融创新，也不能简单地认为一个人很聪明就适合做管理者，聪明的人假如人格操守不注意，他也走不远，做不了大事，甚至会犯更大的错误。因此，塔拉微金融学社的目标不仅仅是在技能方面培训大家，还要提升大家的境界，要在伦理层面下更多的功夫，倡导一种更加健全的银行从业者的人格，培育“全面发展的人”。

塔拉微金融学社在银行的人才培养和员工激励约束机制中扮演着重要的角色。这个角色可以从三方面来看：

第一个角色就是马背银行的内部大学。这个大学不是培养学究的，而是马背银行自己的内部的大学，是要培养有实干精神和思考能力的人才。

第二个角色是马背银行的智库和参谋本部。银行要培养研究型人才，而不仅仅是照着别人的指令去执行的人才。我们在塔拉微金融学社中要学会提出问题、研究问题，为银行出谋划策。大家都要有“问题意识”，每个塔拉微金融学社的成员就是一个智库，要发动每个人的力量，为这个智库贡献才智。这个智库是个参谋部，将来银行有任何大事小情都需要发动大家的力量进行战略思考。

第三个角色，塔拉微金融学社又充当了银行的组织部。组织部门是挑选干部的。未来的银行干部一定会从塔拉微金融学社中产生，学社是一个很好的发现人才、培育人才、甄选人才的平台。后备干部的培养、挑选、甄别，可以在塔拉微金融学社来进行。

四、马背银行完善员工激励约束机制的方向

激励约束机制是公司治理体系的重要组成部分，它的存在可以确保员工的个人利益与公司的整体利益有机地结合和统一，同时也能有效地阻止员工为了谋取个人利益而破坏公司利益。激励约束机制本质上来讲，起到的是一种引导作用，它通过设置规章制度，令行禁止，来惩罚和规避损害公司利益的行为；又通过设立奖励制度鼓励和奖励员工朝着有利于公司发展的方向努力。要想管理好一家现代化的股份制公司，要想避免因所有权和经营权分离导致的委托—代理问题，就必须拥有健全的激励约束机制。要想建设好激励约束机制，必须要重视以下三点。

1.与公司的战略目标进行有机的结合

激励约束机制建设的目的归根结底就是为了能够确保公司正常合理的运营，并且确保公司能够实现股东利润最大化。因此，在进行激励约束机制设计的时候必须要考虑到公司的战略方针，确保激励约束机制能够引导和促进员工朝着有益于公司发展的方向努力，否则激励约束机制的设计将会变得毫无目的性，仅仅成了单纯的奖惩机制，这样不仅不能有效促进公司的发展，甚至还会导致公司资源的浪费，员工的无所适从。

2.主动机制和被动机制兼顾

激励约束机制的主动机制指的是，公司主动地去寻找和发现有利于公司的行为进行激励，或对损害公司利益的行为进行惩戒，例如公司的规章制度、员工的职位晋升；而被动机制指的是，通过制度设计使得员工能够自发地去努力工作，例如员工持股计划、绩效工资等。主动机制是由经营管理层发起的，可以更加精准地

对有利于公司发展的员工进行激励，但是同时它又很难发现和禁止员工的一些隐蔽的、机会主义的行为；而被动机制虽然无法精准地识别和评价员工的行为，但是它可以通过机制设计，形成一种自动的、具有普适性的系统，使得员工能够自觉地约束自己的行为。因此在激励约束机制的建设中，必须兼顾主动机制和被动机制，使二者能够互相支持，互相补充。

3.绩效评估和监督机制

激励约束机制的实施，离不开合理有效的绩效评估机制，没有绩效评估机制，就无法对员工的行为进行准确的评价和判断，激励约束机制的实施就无从谈起。同时，激励约束机制的实施，也离不开监督机制，没有监督机制的存在，公司的规章制度就会变成一纸空文，毫无权威可言，而员工也将不会重视规章制度的严肃性；另外，没有监督机制，也将无法发现和记录员工在工作过程中的行为和问题，那么激励约束机制将无法对员工的行为进行准确的评价和判断。

第八章

银行文化建设：形象文化

形象文化是指企业的外部文化，是企业内部文化的具象表现和外在表现。形象文化中所包含的元素可以直接与印象挂钩，因此一个企业的形象文化体系的完整构建和有效宣传非常重要，是让外界了解并记住一个企业最直接的方式。

鄂温克包商村镇银行将草原、民族和金融这三个元素融合，利用行标、行歌、文化衫、马队、蒙语特色服务窗口、文化展示区、都兰·乌若服务站等形式，充分体现了银行“马背银行，筑梦草原”的理念，构建了丰富而独特的形象文化体系。

一、行标

鄂温克包商村镇银行
EWENKI BAOSHANG RURAL BANK

行标的寓意载体是其形状和颜色。形状上，圆形方孔是一个铜钱的形象，寓意是银行与钱息息相关，标明了金融行业这一特征；颜色上，草原绿代表着呼伦贝尔这片草原和这片草原养育的人们。形状与颜色一体，简洁而准确地刻画了银行是“草原上的银行、牧民的银行”这一形象。行标被广泛运用在营业网点、员工用车以及办公纸张上，是马背银行的标志性存在。

二、行歌

2012 年 9 月，银行行歌——《草原上的雄鹰》在众人的殷切盼望中诞生了。该歌歌词由员工集体创作出雏形，再经行领导反复斟酌、修改，最终确定，时任腾国华行长是词作者之一，后由当地著名曲作家图门编曲，全体员工共同演唱录制完成。

行歌创作作为全行的一项重要工作，从 2011 年 12 月 11 日在全行范围内开展歌词征集活动，再到 2012 年 6 月会议审议通过，前后共经历了半年多时间。在这半年多的创作时间中，员工和行领导不断加深对鄂温克包商村镇银行企业文化的理解，不断加深对银行战略定位和经营理念的理解，最终在歌词上达成了共识，表达了大家对于银行价值观的认同和银行未来美好前景的期待。

《草原上的雄鹰》反映了鄂温克包商村镇银行的发展历程、社会责任、企业愿景、企业使命以及支农支小、扶持边疆牧区的企业定位，歌词简洁凝练、昂扬向上、催人奋进，曲调悠扬动听，它寄托的不仅是民族感情、企业文化，更多的是银行扎根牧区、服务牧民的企业愿景与企业价值观。行歌唱出了草原、牧民、马背银行紧密相连的主旋律，唱出了银行积极向上和遒劲有力的精神文化，也唱出了马背银行与牧区共成长共繁荣的决心。

驯鹿向兴安 依恋着这片草原
这蓝蓝的天空牵动着我 鄂温克草原
骏马昂首啸 奔向那绿色大地
彩虹和晚霞守望着梦 鄂温克草原
从来到草原的那一天 吉祥和祝福伴随着我们
蓝天白云 共同的未来 历史诉说 美好的明天
雄鹰展翱翔 呵护着这片草原
图腾的传说牵动着我 鄂温克草原
牧人回首望 依恋那神奇大地
伊敏河水寄托着梦 鄂温克草原
从来到草原的那一天 吉祥和祝福伴随着我们
蓝天白云 共同的未来 历史诉说 美好的明天

歌以咏志，歌以励志。作为企业文化建设的重要组成部分，《草原上的雄鹰》通过歌曲传唱的精神力量，提振了员工工作热情，增强了员工的使命感和自豪感，增强了员工凝聚力和团队意识，培养了员工的归属感和责任心，成为马背文化重要的组成部分之一，对外彰显着马背银行特色鲜明且奋发进取的企业形象。

三、文化衫

由鄂温克包商村镇银行自行设计的文化衫，参考了主发起行包商银行的服装设计，颜色以藏青色为主，在肩后位置绣着“马背银行，筑梦草原”八个字，意指银行员工所肩负的使命。

四、马队

鄂温克包商村镇银行还成立了自己的马队，马队成员为银行擅长骑马的蒙古族员工，冬天大雪封山，车辆难以通行，信贷员无法和客户联络，银行马队员工就会出动，骑马进牧区深处。这体现了马背银行切实为客户着想，“服务牧区最后一公里”的经营理念。

冬季的马队

五、中华民族大家庭卡通人物

在鄂温克包商村镇银行的总部大楼里，每个楼层、院里的围墙上都贴着56个民族的卡通人物画像，生动、活泼、可爱，体现了马背银行是一个多民族的大集体，各民族兄弟姐妹一家亲的企业氛围和精神文化。每一个民族人物都由马背银行的员工亲自选定、设计并张贴，让少数民族员工、客户感到亲切的同时，也体现了银行促进民族团结的社会责任心。

六、蒙语“窗口”

鄂温克旗是一个多民族共同生活的地方，民族众多，但一些少数民族同胞对金融机构不熟悉，从而使得他们在利用银行服务方面往往存在诸多困难。为消除少数民族牧民客户与银行之间的心理隔阂，结合呼伦贝尔民族构成特征，鄂温克包商村镇银行提供全方位的蒙语服务。营业柜台开设蒙语窗口，消除不懂汉语的少数民族客户使用银行服务的障碍；同时银行大堂还配备精通蒙语的大堂经理，印制双语服务文件，为少数民族客户提供咨询服务。除此之外，银行还在广播电台蒙语频道向牧民宣传金融知识和银行业务，让不懂汉语的牧区客户能够充分了解金融服务信息；定期组织业务人员深入基层，开展牧区基础金融知识的普及和宣传工作。2014年鄂温克包商村镇银行获得呼伦贝尔市“学习使用蒙古语言文字先进集体”称号，2017年被自治区党委、政府联合授予“全区民族团结进步模范集体”称号。2019年又被呼伦贝尔市选定为创建全国民族团结进步示范城市展示单位。

大堂经理向客户介绍银行业务

七、文化展示区

1.塔拉小舞台

塔拉小舞台是鄂温克包商村镇银行员工组织的服务牧区、传播民族文化、丰富员工精神生活的群众组织，主要节目有蒙古舞蹈、蒙古长调、民族服饰展示以及马头琴独奏等。先后参与塔拉小舞台的员工有数十人，累计参与演出场次近百场，演出场地包括蒙古包、草地、那达慕、大型会场、剧场等。除内蒙古地区以外，还应邀前往北京、山东、深圳等地表演，把草原游牧民族文化带到全国各地，展示了马背银行的富有民族特色的企业文化以及心系牧区的企业理念。

塔拉小舞台骨干成员合影

2.蒙古文书法家办公室及书法培训教室

鄂温克包商村镇银行邀请了著名蒙古文书法家、鄂温克旗蒙文书法家协会主席、呼伦贝尔市蒙文书法家协会副主席、马背银行蒙古文书法协会会长和高级文化师包宝柱老师作为银行蒙古文化培训师。包老师不但擅长书法，还对蒙古文化和历史有很深的研究。银行蒙古文书法培训班目前为每周两次课，分初级和中级两个级别，爱好蒙古文书法的员工可以免费参加学习，由包老师亲自指导。蒙文书法培训和蒙文书法教室设置的目的是向员工传达民族团结的理念，在银行内营造各民族相互帮助相互尊重的氛围，同时也是马背银行文化的对外展示窗口。银行书法教室挂满了员工书写的作品，员工蒙古书法水平得到显著提高。

3.书画室

这是鄂温克包商村镇银行专门为各民族书画爱好者和员工开辟的创作场所，其目的是为了提升员工的人文素质，并由此在银行内营造一种温润祥和、美好向上的企业文化。不定期组织的笔会吸引了本地和外地的书画家，这些书画家的创作也是银行企业文化对外

蒙古文书法班上课

蒙古族员工秋林书法作品《蒙古》

宣传的有效载体，使马背银行的形象和文化走出草原，走向全国各地。

4.索伦书院

索伦书院由北京大学经济学院王曙光教授与银行共同创办。创办索伦书院的目的是促进高等学府与马背银行文化、精神的交流融合，加强对马背银行经营管理和文化提升的研究与探索，为马背银行的未来发展提供智力支持。

王曙光教授在《索伦书院记》一文中，说明了与马背银行共同创建索伦书院的缘起和意义：

> 丙申初秋，余游呼伦贝尔鄂温克草原。秋气萧然，秋阳明澈，万里碧落，寥廓清澄。毡房星布，奶茶香溢；敖包巍立，经幡纷飞。祝酒歌起酒樽尽，马头琴随马蹄归。呼伦湖上，天光水色，鸥鸟颉颃往复；根河两岸，佳木葱茏，郁茂更胜江南。置身草原，思接千古，神驰万里，诗情洋溢而不可遏，试想太白东坡到此，当何如耶？越数月，余重访，序已腊月，银装素裹，滴水成冰，寒意砭人肌骨，清气洗我肺腑。行走冰霜风雪之中，一胸俗尘，涤扫净尽，不亦快哉！鄂温克古名索伦，为北方游牧民族之一。其性敦实淳朴，聪慧机敏，而又坚忍骁勇，善骑射，能征战。千百年来，鄂温克人颠踬流离，屡遭苦难，端赖勇锐刻苦之意志，得以绵瓞至今。戊子年，银行甫创，近十年中，筚路蓝缕，备极艰辛，秉普惠金融之旨，以马背银行自期，业绩斐然，深得牧民赞誉，并获海内外同仁嘉许。余与鄂温克诸同志拟共肇索伦书院，俾集结天下同仁之力，深思精研，切实践履，植根乡野，知行双修，融汇鄂温克刚毅坚卓之民族精神，共筑草原之梦，同谋牧民之福。丁酉新岁，余闲居善渊堂，草此小记，并三祝祷之。

2017 年 7 月 7 日银行举行索伦书院落成仪式，王曙光教授又作诗祝贺：“天寥地廓志凌云，勇毅精诚钦索伦。马背银行风范远，移山筚路为斯民。”高度认同马背银行的文化理念。

5.文化展示厅

文化展示厅是展示鄂温克包商村镇银行从建行初期至今的历史记录与物品的场所，展品包括：银行初期的存折、公章、马背银行的宣传物品、历年来获得的奖项，还有从员工处征集来的民族特色服饰和物品等。

八、都兰 · 乌若服务站

为扩大服务半径，弥补网点覆盖不足，充分贴近牧区客户，展示银行文化和经营理念，银行在支行下设“都兰·乌若”服务站，进一步下沉网点服务重心，主动贴近一线客户。“都兰 · 乌若”服务的理念是银行董事长的理念，集体的智慧共同主张的一项战略工程，服务站的命名采纳了牧业金融部蒙古族信贷员其木格的建

议，意思是“温暖的家”。这些设立在嘎查和社区里的“都兰·乌若”服务站，已经成为拉近银行与居牧民距离、展示马背银行文化的重要平台。

九、行内“祥云”元素装饰

“祥云”元素是蒙古族用来装饰自己家、蒙古包，或者是绣在衣服上的图案。鄂温克包商村镇银行内部装饰也采用了大量的“祥云”元素，如电梯上方、各楼层的玻璃门上方等。这些祥云图案使少数民族客户、员工感到亲近，也使其他员工了解民族文化，从而打造了马背银行多民族一家亲的融洽氛围。

十、总　结

鄂温克包商村镇银行的形象文化是银行“马背银行　筑梦草原”的使命的具体表现；是银行“扎根牧区，服务牧民”的经营理念的实际行动；是银行“服务三农三牧，促进民族团结”的社会责任担当。银行的形象文化既是银行展示自己理念的窗口，也是向客户宣传银行的重要途径。通过形象文化的建设，将银行文化进行具象化的表达，能够在潜移默化中感染员工，感动客户。

第九章

银行文化建设：行为与制度文化

现场书写蒙古文春联赠送客户

鄂温克包商村镇银行作为扎根边疆少数民族牧区的村镇银行，以服务牧区为初心，以兼顾社会效益与经营效益为目标，在保证银行可持续运营的基础上，主动承担更多的社会责任，因此，银行格外注重员工文化认同感的培养。献身牧区普惠金融的情怀，扎根呼伦贝尔草原的意愿，始终追求卓越的精神是他们最为看重的品质。为保障企业文化能够引导银行的日常运营，银行还建立了“内部竞聘”机制，将认同银行文化的人才提拔到合适的岗位，确保银行文化和理念能够深入人心，确保银行在发展中能够不忘初心，确保银行文化能够不断延续和传承。

一、员工行为文化

1.以客户为友

鄂温克旗是一个少数民族聚居的地区，当地居民大多保留着游牧民族的习惯与风俗。不论牧民走进银行的哪一个营业网点、服务站，首先迎接他们的，都是员工热情的笑脸和一碗热腾腾的奶茶。而不通汉语的牧民，丝毫不需要担心在银行中语言不通而与工作人员交流困难，蒙语窗口的员工为他们提供全链条的业务服务。在鄂温克包商村镇银行的年会上，长期合作的诚信客户都会被邀请来做嘉宾，有一些还会参与到年会的表演当中。这些拉近与客户之间距离的行动都是源于员工在银行文化的感染下的体悟，由体悟形成建议，进而成为全行学习的宝贵经验传承下去。

为充分贴近牧区客户，展示民族特色、地区特色，体现银行文化，银行面向全体员工征集“基层服务站”专用名称，经多次筛选、领导研究，最终确定牧业金融部信贷员其木格提出的“都兰·乌若”作为服务站的名称。草原上地广人稀，村户少有毗邻，营业网点只能建在村户聚集度较高的区域，但是还有很多客户距离银行网点较远，获取金融服务很不方便。为了扩大服务半径，弥补网点覆盖不足，银行自2015年起开始设立“基层服务站”，目前总数达到11个。服务站开始建立之初，他们发起了为服务站命名的征文活动，以下是最终命名人其木格的投稿，这样一篇短文，反映了她在工作中真实的所感所想。

“你是牧民的孩子，将来长大了一定要回到家乡，做一个对家乡有贡献、有作为的人。”父亲的话，一直萦绕在我的心中。怀着坚定的信念，怀着感恩的真心，让我一直坚持要为牧区，为家乡服务。2017年，这是一个新的起点，大学毕业后我回到家乡，正式加入了“马背银行”这个大家庭。

鄂温克包商村镇银行扎根于牧区，营业网点均设立在旗县，业务辐射九个苏木及七十四个嘎查，为了提供最便捷的金融服务，又逐步设立了基层服务站。身为牧区的孩子在听到设立基层服务站的消息时，顿时让我心生激动，此时脑中突然闪现出一个词——“都兰·乌若”，汉语就是温暖的家。牧区是一个相对比较落后的地区，尤其是在经济、交通、通讯等方面,到目前仍有很多地区难以实现通讯畅通。听似夸张，但这种现象的确存在，作为土生土长的牧区孩子，直到我大学毕业的那年家里才有了电。

牧民一天的生活既忙碌又充实，由于身处牧区，土地平坦开阔，这里的冬天比城里温度更低一些，早起捡牛粪，给牛羊添草，中午给牛羊喂水，周而复始，每天如此。而妇女们会更加忙碌一些，既要照顾到全家老小一天的伙食，又要打理屋里屋外大大小小的细活儿。夏天凌晨三点起来挤牛奶，秋天开着拖拉机打草，一年四季，稳中有序。在我的记忆里，父母不会轻易去城里，可能是因为太浪费时间和精力，怕耽误了这些繁杂而又琐碎的家务事。

而鄂温克包商村镇银行“都兰·乌若”的出现，就像茫茫草原上的点点星光，为牧民照亮了茫茫黑夜，为牧民分担忧愁。“都兰·乌若”不断地向牧民普及金融知识，解决牧民贷款难、担保难的实际问题，也尽最大可能缩短与牧民的空间距离，心贴心地为牧民服务，这，就是家的样子。

温暖的家是一家人围坐在蒙古包里，烧旺的炉火，爽朗的笑声，从每个人的笑容中可以感受到，这就是牧民最温暖的家，这就是他们最热爱的家，马背银行就是牧民最贴心的金融管家。

银行的员工始终都把尊重牧民、服务牧民、贴近客户这一理念融入工作当中，融入与客户的交流当中，从而外化为银行最具特色的行为文化。这一行为文化与他们“筑梦草原”的使命、“做全国最好牧业金融机构”的愿景相契合，因为他们深知，实现这

巴彦库仁支行少数民族员工的读书会

个梦想的唯一方法就是得到牧民的认可与信赖，让牧民真切感受到银行是牧民的银行，有亲切感和依赖感。

2.以企业为家

鄂温克包商村镇银行格外注重员工在职业生涯中的历练与全方面成长，这是他们给员工“小银行，大舞台”的承诺。硬件方面，从索伦书院、沐伦书屋，到员工宿舍、专业厨师掌勺的员工食堂，员工的大部分自我充实需求和生活需求，都可以在银行中得到满足。他们同样关心员工的健康——在员工守则中，特别有一条强调健康生活，积极运动。为了鼓励员工多运动，银行经常组织篮球赛、乒乓球赛、彩虹跑步赛、徒步比赛等各种形式的体育比赛，并在每年 12 月份呼伦贝尔最冷的季节举办环城跑，激发员工的斗志，锻炼员工的体力。

在员工的自我提升方面，银行一直致力于将员工培养成“一专多能”的复合型人才。蒙语书法班、塔拉微金融学社、塔拉小舞台、青年沙龙、朗诵比赛等等，给员工创造了展现自我的舞台，提供了继续学习的机会。而在职业发展方面，管理层坚持吸收新鲜血液，秉持育人与用人并行的理念，利用不同的岗位对新员工进行针对性

在草地上举行的党建活动

培养，并且每年都会给予员工到优秀企业考察和交流的机会。此外，马背银行内部还设有“互助储金”保险机制，储蓄金来源于所有参保员工，如遇突发经济困难时，员工可以申请互助金，解决燃眉之急。

这样的一套制度成就了一种由上到下的行为文化。当员工进入这个集体，找到一个能够自我提升的位置；与同事团队工作之余还可以一起练字、看书、歌舞、饮食；当突发困难，企业给予他们强有力的支持。这样的氛围促进了员工彼此间的感情，培养了员工的归属感。而这种归属感，就自然形成了员工“以企业为家”的行为文化，打破了员工与企业之间冰冷的契约关系，员工就会积极主动地为企业的发展贡献自己的力量。

2018 届会计专业毕业生周玲玲就是一个生动的案例。初到银行，董事长安排她负责食堂事务。这让初入职场的周玲玲摸不着头脑，在自己没有相关知识和经验的情况下，为什么要让自己做与专业不对口的事情？实际上，让新员工进入综合管理岗正是银行新员工培养的一个重要部分。综合管理部，特别是食堂，是直接服务于内部员工以及来客的工作，在这些岗位上，新员工可以广泛地接触到各个工作岗位上的同事，有利于迅速融入集体；通

在第四届马背银行职工篮球赛开幕式上的各民族员工服饰表演

过与人交往，能够更深入地理解银行的文化与理念，最重要的是，在服务同事的过程中可以体悟到服务行业的真谛。

转眼半年过去了，在董事长的悉心教导之下，周玲玲从最初的不理解到现在的乐在其中，工作中勤于思考，在食堂菜品创新、成本管理方面都摸索出了新的方法。在这个岗位上，她对于如何了解人的需求、做好服务有了更多的经验、更深的理解，这些领悟，是在与数字打交道更多的一般会计岗位上或许十年都得不到的。她深知这样的一段经历，对于以后专业岗位上的工作大有裨益，也知道董事长这样的职务安排更多的考虑是她在职业生涯上的成长。

这样的良苦用心，让员工更多地视董事长为师长而非领导；相应地，也视企业为家，在工作中不仅关心自己的利益，更关心银行的利益、集体的利益。当银行中所有员工都有这样的想法，表现出这样的行为时，“以企业为家”就成为一种浓厚的企业氛围。

二、领导行为文化

心理学家 Hollander（1985）对于领导的定义是对团体行为与

信念施加较大影响的人，他们引发活动、下达命令、分配奖惩，解决成员之间的争论以及促使团体向着目标迈进。Burns（1984）把领导分为两种类型，一种是交易型的领导，依据一个人在组织中的与地位相关的合法性，这种领导关心的是团体的目标达成，关注任务的完成和员工的顺从，他们更多依靠组织的奖励和惩罚手段来影响员工的工作绩效。另一种是变革型领导，House（1993）进一步称这类领导为魅力型领导，他们能为组织制定明确的愿景，通过更高的理想和组织价值观来激励他的员工，通过自己的领导风格来影响员工的动机和团队的绩效，依靠自身的影响力改变下属的行为，能够激励、调动和鼓舞下属为实现群体目标而付出更大的努力；他们公平地对待下级，经常给下属提供一些学习提高的机会，帮助下属通过新视角看待老问题，从而改变下属对于问题的看法，表现出更多民主的倾向。

交易型领导和变革型领导并非彼此对立，变革型领导源自交易型领导，与仅采取交易型领导方法相比，变革型领导会提高员工的努力程度和绩效水平。研究表明，在不同组织类型中，包括军事组织和商业组织，变革型领导者都被评估为比他们的交易型同行更有效果、工作绩效更高、更容易获得提升且人际交往意识更强。此外，还有证据指出，变革型领导和更低的离职率、更高的生产率、员工满意度、创造性、目标实现度、下属状态和公司中的企业家精神存在显著的相关关系，尤其是在初创公司中（Keller，1992）。

银行的领导层具有很强的变革型领导特征，十年以来，企业与员工自身的快速成长与领导者的这些特质是分不开的。由于银行规模较小，员工数量不多，管理结构呈现扁平化特征，高层与普通员工之间没有过多职级跨越，因此，每一位员工都可以与董事长、行长有直接的接触。

郭建荣董事长对自身的定位是——既是银行的总设计师、总工程师，同时也是银行员工的大家长。事实上，从银行筹建至今，从初创的“婴儿期”，到正常盈利之后的稳定成长期，再到规模不断扩大的成熟期，董事长始终在战略高度把握着银行的发展定位，并根据各个时期的特点制定各个时期的发展方略。而每一时期每一关键节点得以准确定位、抓住机遇，则是得益于董事长丰富的银行业从业经验，广阔的视野与终身学习、紧跟时代脚步、不断接受新观念的精神。

从 1979 年入职中国人民银行开始，40 年以来，郭董事长先后在央行地方分行、股份制银行担任职务，工作接触面的广阔养成了他站在全局高度来分析问题的格局观。2009 年，在国家建设村镇银行、弥补农村牧区金融空白的号召之下，出于对村镇银行在国家金融机构战略地位上的认可以及银行家的情怀，董事长来到呼伦贝尔市鄂温克旗，开始了银行的建设。在银行的平稳成长期到成熟期，董事长开始格外注重银行的企业文化建设与外部形象建设，他认为“企业人格”的打造是凝聚团队、加强员工自我认同感与社会认同感的精神核心，对于新成立的企业而言尤为重要。

2013 年，银行参与了中国银行业协会（花旗银行）发起的微型创业机构评比，在众多农商行、村镇银行与其他小额信贷公司中脱颖而出，获得了全国唯一的“2013 年度微型金融机构奖”，此后，银行便在业界为人熟知。

2014 年开始，银行接连与中银协和北京大学、内蒙古财大等高校合作互动，深入学习同业机构的优点，并与国内著名学者、智库形成长期合作关系，为银行寻求外部“智囊团”。争取站在行业顶端进行银行的运行，这是董事长对自己的要求，也是对银行发展高度负责的要求。

就“大家长”这一角色而言，董事长认为银行服务边疆民族牧区，不只是要服务牧区客户，也要服务于本地的发展。银行中员工的大多数都是本地人，更有将近一半是少数民族，给员工成长的平台，为他们的职业发展提供帮助，也是银行的重要使命。

所谓的家长，就是把银行当成家，把员工当成孩子。由于事业的特殊性，银行总体来说是一个非常年轻的集体，绝大多数员工都是刚刚步入社会，在这里找到第一份工作。他们的理想追求、日常生活都与银行息息相关，短时间内也许会存在个人经验、能力不足的问题，但长期来看，每位员工都是有着巨大成长潜力的人才，在职业价值观上也更容易与企业文化与使命相契合，他们就像一张白纸，第一笔很重要，一旦写不好将影响一生；而对于银行来讲，他们是宝贵的种子，培养不好将会造成银行长期的人才损失，因此银行历来十分重视年轻人的发展。

从成立之初，银行就将员工自身的成长与企业的成长置于同样的战略高度。后来，银行又提出了"员工成长计划"，将员工培养科学化、规范化以及制度化，始终坚持共同成长，重点选拔。从2013年开始，银行开始与市场对接，进行校招，从内蒙古财大等高校引进了一批优秀的毕业生。为了给新员工发挥的空间，银行还组建了一支以年轻员工为主力的团支部，让团支部单独承办一些活动。同时，新鲜血液的注入，能够激发银行的活力，为老员工增添动力，促进银行争优创优的工作氛围。

另外一方面，"大家长"的角色并不意味着"个人主义"与"一言堂"。董事长坚持银行的议事原则为民主协商而非个人武断，他个人只把握银行发展的大方向，以保证初心不变、使命必达，在具体问题上给员工充分的发挥空间，集思广益。这样的行事风格可以激发大家思考，加深员工对于企业的理解，有助于企业形成自主创新能力，而不是依赖于个人；同时能够防止管理者权力寻租，防止个人权力凌驾于组织之上，防止以集体利益换取个人利益的机会主义的形成。

国家民委副主任陈改户考察民族团结进步创建工作

三、企业制度文化

领导者是企业制度的制定者，因而企业的制度文化是与企业领导者的特质紧密相关的。银行的制度文化特点，概括来讲就是务实与灵活。务实主要体现在员工规章制度方面，踏踏实实做事情，是内部制度文化；灵活则体现在业务制度上，灵活之中是坚持——以服务牧区牧民、履行社会责任为原则，制度围绕这一原则灵活变通。

银行具有一套以务实为核心原则的员工行为规范。这些员工行为规范基于管理层对存在的陋习，或者工作中的不良习惯的观察与思考，因此非常贴近实际。对于一些具有普遍性而不利于企业良好氛围形成、无益于员工成长的行为，在制度上进行规范，力图让员工，特别是上下级之间的关系简单化，降低员工的社交成本，把精力放在追求工作进步上，形成人人踏实肯干、以能力而论的工作氛围。当员工翻开这样一个行为规范手册，看过大多数的条目，会觉得是一种大家都愿意欣然接受的、多赢的契约，而不会觉得是对于施展个人能力的束缚，或者是形同虚设的空架子。

在业务制度上，银行始终坚持因地制宜，根据当地行业周期的特点进行产品设计，始终以服务三农三牧为初衷，注重与当地经济、牧民的互动，不断开发更适合牧区的业务。

在成立之初，银行沿用了包商银行的风险控制制度与信贷产品开发制度。然而，包商银行的客户整体经济实力较强，且大多位于城市，资金来源相对稳定，和收入随机性强、经营不确定性大而多贫的牧区客户有着很大的不同，使用相同的一套制度，就显得有些水土不服，因此，在开业的前两年，银行的经营绩效并不乐观。

在这样的情况下，管理层开始探索适应于牧区、牧民的制度，不断更新产品理念，创新产品设计，不仅扭亏为盈，还成为了行业的榜样。比如具有开创性的“牛羊在·贷款安”理念，就是在尽可能控制风险的前提下设身处地为牧民着想，开发符合牧民实际情况的担保方式。

鄂温克草原经济区的生产整体受气候影响较大，当自然灾害发生时，银行往往会面临客户突发的展期需求。2014~2017 年就出现了这样的情况，连年干旱，农牧民客户经营艰难，无法还贷。而银行坚持普惠金融的初心，选择与牧民、牧区共进退，积极盘活农牧民和小微客户不良贷款，采用改变征信准入标准、续贷、重组、展期、修改还款计划、多措施盘活等；在产品上推出“重生贷”、续贷等措施给还具备还款意愿、愿意维持信用的客户群体喘息的机会。对于因生产、经营、生活等紧急需求，又没有太多金融常识的客户，以及借高利贷返贫和存在巨大经济压力的客户群体，银行通过与政府合作，设计专项产品，置换民间高利贷业务。目前，逾期情况较盘活前有了很大的改善。这样的一套机制显示出了银行面对突发问题时强大的应变能力，在牧区经济情况较差的这段时间，尽管利润率指标较 2014 年之前有所下滑，但是银行还是保持住了 10% 左右的资本收益率，在全国村镇银行中名列前茅。

在这样的制度文化下，银行推出了一系列针对不同客户、不同需求的信贷产品。

"塔拉四宝"是为支持农牧民增产创收，针对农牧民发放的特色贷款，符合农牧民的生产周期，充分满足了牧区多元化、多层次的融资需求，在扶持和帮助的牧民群众及经济实体中，资金有效利用率达 100%，创业收入年递增 20% 以上，在解决牧民生产生活中实际困难的同时，促进了地区经济的快速发展。

"塔拉微贷"是针对小微企业"急、短、频"的资金需求而推出的手续简单、快速办理并且无需抵押的小微企业贷款产品，最低发放单笔贷款额度 1000 元，且实现了对客户 1~3 天放款的承诺。

"呼斯楞"客户成长计划，解决了牧民生产经营活动连续性与银行信贷资金供应阶段性之间的矛盾，面向业务辖区范围内口碑好、信誉高、经营能力强的优质客户，实行"一次审核，周转使用，随用随贷"的政策，支持客户增加生产规模，避免客户因再贷难而惜还。

"圈链业务"旨在推进呼伦贝尔地区的产业转型升级，主要支持家庭牧场、专业大户、合作社和涉牧龙头企业等新型农牧业经营主体，致力于通过新型农牧业经营主体规划化、专业化和集约化的生产方式，降低草原畜牧产品的生产成本和销售价格，使本地畜牧产品符合国内畜产品市场的需求标准，推动县域经济发展。除此之外，还有房产抵押贷款、职工贷款等特色产品体系，这些新产品开发的初衷都是满足牧区牧民的发展需要，无不体现出很强的灵活性和地区适应性。

第十章

银行文化建设：精神文化

一、使命——马背银行　筑梦草原

鄂温克包商村镇银行成立十年以来，立足“马背银行”，希望将金融产品和服务送到草原最远的一座毡包，力争所有牧民都能享受与城市一样的现代金融服务。银行始终用实际行动践行对牧区群众的承诺，将自身的发展与牧民的福祉紧紧联系在一起。挑选骑艺精湛的青年员工成立“员工马队”，将银行文化、基础业务、金融知识、现代科技带到了最远的牧区；设计“吉祥四宝”“塔拉微贷”等贴近牧民生活的金融产品，提升了金融服务在牧区的广泛性和适用性；组建舞团、成立学社、开办讲堂，将员工紧紧地联系起来，将银行与客户紧紧地联系起来。

银行通过全体员工的共同努力，积极探索符合自身特色的文化建设模式，培育了独特的草原企业精神，并将其融贯到银行理念、战略、定位、团队、产品、服务等各方面。马背银行，筑梦草原，银行肩负使命，任重道远。

二、愿景——做中国最好的牧业金融机构

鄂温克位于大兴安岭西麓巴尔虎草原，地处祖国北疆。这里

员工马队风采

纬度高（北纬 49.14 度），冬季寒冷（–50~–40℃），地广人稀，经济落后，多种因素导致当地居民金融需求的规模、层次、结构均与内地市民有较大的区别。银行建立之初，即以“做全国最好的牧业信贷机构”为愿景，探索符合牧民需求的金融服务新模式，支持牧区建设，促进牧业繁荣，引导牧民致富，践行社会责任。

由于偏远地区牧民的金融知识相对缺乏，客户易出现过度负债的情况。为了解决这个问题，银行多次组织金融知识下牧区活动，为牧区群众耐心讲解，做好普及，还在业务窗口及网络上以蒙汉双语的方式宣传金融服务与征信知识。同时对牧区群众来说，抵押困难是贷款的又一大难题。银行基于当地的特殊情况，开创性地提出“牛羊在，贷款安”的牧区信贷新理念，推出了无需抵押的保证担保服务，解决了抵押物不足的问题；另一方面，通过设计金融产品扩展抵押物范围，银行向更多牧民开放了参与金融活动的途径。

银行还组建了专业的牧贷团队，研发专业牧贷产品，打造国内第一支专业的牧贷队伍。他们坚持不懈地探索牧区金融服务与发展之路，力争做全国最好的牧业信贷机构。

三、品牌与特色

1.打造牧区金融第一品牌

银行十分重视品牌建设，为了更好地践行牧区普惠金融的社会责任，银行结合牧区特点，创新地提出了“第一牧贷”“马背银

行”“塔拉金融”三大品牌战略，并向国家商标注册主管机构提交了品牌注册申请。

“第一牧贷”以适应牧民生产生活规律为特色，聚焦设计适合牧区群众的金融产品，使牧民享受更实用、更广泛的金融服务。例如银行为牧民量身定制的牧贷产品“塔拉四宝”——一宝“那日牧场”，即牧民授信贷款，“一次授信，周转使用，随用随借”，以满足牧民在不同季节的资金需求；二宝“呼和牧场”，即草场承包经营权抵押贷款，重点解决牧区草场改良与建设的长期资金需求；三宝“乌苏牧场”，即农牧业合作经济组织贷款，重点解决和支持农牧业产业化发展资金不足的问题；四宝“呼日牧场”，即牧民联保贷款，寓意为“像及时的雨水，滋润着草原大地”。银行的种种探索与实践，不仅取得了明显的财务绩效，其社会绩效也十分出色。

“马背银行”的内涵可以解释为“为马背上的民族服务的银行”，扎根于这片辽阔的草原，银行致力于创建全国第一家“马背银行”。银行全体员工秉承着建设牧区、服务牧民的决心，挑选骑术精湛的员工组成马队，在业务宣传、当地及银行重要民俗、文化活动上表演，深切地表达了员工贴近牧民的思想。这支“员工马队”将金融思想、金融服务带去了草原的各个角落，让更多牧民体验到现代便利的金融生活。

2.“塔拉金融”象征草根银行、草根金融

以“塔拉微贷”为切入点，银行创办“塔拉微金融学社”，组建“塔拉小舞台”，开设“塔拉大讲堂”。“塔拉微贷”通过提供无抵押的小微企业贷款，支持了牧区生产加工、交通运输、批发零售等多种行业的小微企业，为促进牧区小微经济的协调发展做出了巨大贡献。“塔拉微金融学社”以探索总结牧区微金融应用理论为目的，是由员工组成的草根学术社团，目前有包含董事长在内

的 60 余位社员。“塔拉小舞台”是以展示员工风采、传播草原文化、凝聚团队精神为主旨的员工民族歌舞艺术团体，曾排练过行歌大合唱、顶碗舞等十余个节目，在行内外活动中进行了精彩的表演。“塔拉大讲堂”以培训、教育全体员工为主旨，充分借助外部资源，定期开展各类专题讲座，曾邀请到中国小额信贷之父、中国社会科学院杜晓山教授，中国社会科学院金融所刘煜辉教授，中国农业大学金融学教授何广文等知名学者。未来，银行将进行进一步的探索与创新，打造更多牧区独特品牌。

3.记录与见证——中国村镇银行第一份报纸《马背银行报》

（1）创刊历程

2017 年暑期，在内蒙古牧区金融万里行考察途中，王曙光教授向郭建荣董事长提议创办一份属于银行的报纸，这一提议与郭建荣董事长一直以来想建立一个马背银行宣传平台的想法不谋而合。12 月 9 日，在《马背银行报》编辑部全体成员一个多月的不懈努力下，《马背银行报》创刊号成功印制发行。作为给银行成立八周年的献礼，《马背银行报》为企业的文化建设注入了新的生机与活力。

这张薄薄的报纸承载着全行员工的希望。早在 2017 年 10 月，编辑部即根据银行的办刊初衷与现实情况，制定了详尽的《银行报纸创刊方案》，方案中将办刊宗旨、发行目标、内容设置、稿件来源、设计与印刷等方面均一一列明，为创刊工作的稳步进行打下坚实的基础。为了保证报刊

马背银行报

的质量与品质，编辑部对每一个细节都进行了反复的讨论与修改，仅文章与内容的排版问题便调整了三次，文稿内容也经过多轮阅读与校对，力求做到精益求精。每个字每个符号、每张图每句话，都凝结着银行全体员工的心血与汗水，都饱含着他们的光荣与梦想。

2017 年 11 月 23 日，王曙光教授为《马背银行报》撰写了发刊词《谋牧区民族繁荣之福，创草原普惠金融之路》，其中写道："《马背银行报》的创刊，是银行发展史上的大事件，具有里程碑的意义；同时,《马背银行报》的创刊，也是内蒙古牧区金融发展史上的大事，是中国农村金融领域的一件大事。《马背银行报》将忠实记录银行奋力开拓、艰辛创造的每一个足迹，为边疆民族金融发展留下宝贵的历史记录和文献；同时,《马背银行报》将成为宣传和推介马背银行文化的重要窗口，并将银行的企业文化建设推向一个新的高度、新的境界。在内蒙古自治区成立七十周年之际,《马背银行报》的创刊更具有特殊的意义。祈愿银行诸位同仁能够在未来开创新的事业；祈愿银行能获得更大的发展，成为全国普惠金融建设之标杆银行；祈愿草原上各族人民能过上更富裕、更美好、更有尊严之生活。"

银行以创刊号为起点，不断发挥《马背银行报》独特的魅力和窗口、桥梁、旗帜作用，让它成为传递企业相关信息的窗口，成为展现员工多彩风貌的舞台，成为各级各部门干部职工沟通探讨的桥梁，成为广大员工学习交流、展示才艺的园地和精神家园。

（2）期刊概要

2017 年 12 月 9 日,《马背银行报》创刊号成功发行，本期报纸主要分为行业专题版与综合版两个部分。在行业专题版，围绕中银协《村镇银行十年发展报告》进行了不同角度的分享与点评。除此之外，首席风险官的"风险观"、马背银行的牧区普惠金融创新实践等文章突出强调了银行的发展之道。而员工体会、各界人士的书法绘画等作品也使这一期刊物显得更加活泼、生动。

在2018年农历新年的到来之际，银行再次发刊总结过去、展望未来。这一期报纸分为综合版、荣誉版和新年版三个部分，综合版主要刊登了银行年度工作会议的主要内容，董事长和行长在会议上的讲话重点以及新的一年银行在业务、服务、人事工作等方面的部署，让全行员工对来年的工作安排做到心中有数，也邀请广大牧区群众提出宝贵的意见与建议。荣誉版则全版对2017年度全行的先进集体与个人进行了公示和表扬，以此感谢、激励每一位奋发向上的员工。新年版则对部分北方少数民族的春节习俗进行了介绍，不仅拉近了各民族之间的距离，更体现了银行“筑梦草原”的使命和争做“第一牧贷”的愿景。

自发刊以来，《马背银行报》始终保持着每月一期的发刊频率，将最新的法规政策、最近的行内大事、最新奇的见闻、最深刻的感想与每一位读报人分享。

读者感想：我和《马背银行报》

——伊敏支行　娜仁

我与《马背银行报》结缘于今年年初。

第一次与她见面是在一个工作日的上午。记得有同事从总行办事回来，进屋时带了一大摞报纸，交代说这是行里出的报纸，这一摞是给支行的。相对于总行的同事来讲，支行的员工似乎对行内的一些大事小情掌握得都相对晚一拍，我们戏称这是“时间差”。看到新鲜热乎的行报放在手中时，想着这是属于我们自己的报刊，我甚至一时间有了学生时代那种开学分发课本时的小激动。

打开报纸，版面上赫然写着“马背银行报”几个大字，简单的五个字，不仅是报刊的名号，更多的是承载了一批年轻人的梦想。大家三三两两地翻阅着，分享着报刊内记载的行内近期发生的一些事务：学术研讨会、行业交流会、员工心得、部门业绩、支行故事……我们就像是翻阅画报的孩子，开心地分享着报刊内的心得、图片。

行报里最吸引我的两个板块一个是头版的行务活动新闻，另一个是员工成长心得。头版的支行“外交”事务，记叙了领导们近期参与的一些学术会议，监管部门来银行开展的一系列指导调研。从这些大大小小的新闻中，能够让我们第一时间了解银行目前对外的形势、发展的进程。他就像是一部发电机，持续地为我们加油鼓劲，给我们以不断奋进的动力。而员工成长心得,是最接近于我们的“平民故事”。每一篇成长心得，都记载了中层领导和普通员工在银行工作的点滴记录。读别人的故事，品自己的人生。看到大家都在银行的发展事业中怀抱利器，奋进付出，自己的心境更是能得到巨大的鼓舞。成长心得，人人都有，但是各有各的艰难不易，没有哪一份成功能够轻易获取。但是大家的坚韧意志却是如此的一致，我想这才是我们马背银行之所以能走到今天的不竭动力所在吧!

而今,《马背银行报》已成功出版了快一年了。从第一期开始，每一期我都保留着。今后我还会一如既往地履行行报小读者的“职责”，认真地品鉴每一期报刊，珍藏每一期报刊。希望可以在她十岁、二十岁时，我们之间的情谊依旧可以像最初那般，质朴而简单。

（3）发展愿景

时至今日，《马背银行报》已经走过了一年多的时光。字字皆心血，一年不寻常，这一年来，《马背银行报》秉承实事求是、贴近一线原则，以服务为宗旨，开辟“风险大家谈”“我这九年”“我与马背银行共成长”等多个栏目。《马背银行报》以朴实无华的语言，准确、真实地记录了银行的发展脚步，笔端留下的点点滴滴都是银行全体的难忘记忆。

截至2019年初，《马背银行报》共发行12期，累计登载文章 260 多篇，总字数达 10 万字。12 期《马背银行报》撰稿刊登各类通讯报道 185 篇、员工作品 55 篇，专题文章 15 篇，刊发各类摄影照片 165 件。每月一期的《马背银行报》坚持从第一手素材入手，确保了内容的真实性和时效性。行报编辑部认真对待每一份稿件，严格把关，慎重择取，确保稿件的高质量和可读性。12 期《马背银行报》见证了银行的发展历程和辉煌成就，目睹了银行的优秀业绩和先进人物的时代风采，感受到了全体员工加快“马背银行”发展步伐的强烈愿望和满腔热忱。《马背银行报》作为一支根植于呼伦贝尔草原的幼苗，已经茁壮成长、枝繁叶茂。

万里征途远，秣马再启程。《马背银行报》将一如既往地秉承创刊宗旨，继续用博大的胸怀思考感悟，用潇洒的文笔抒发情怀，用满腔的热情谱写奋发有为、创新发展的新篇章。

四、战略定位——支持三农三牧，支持县域经济，支持小微企业

1.支持三农三牧

银行始终坚持为农牧业、农牧民和农村牧区经济发展服务的宗旨，加大信贷支农力度，为农村牧区经济发展提供了有力的金融服务支持。紧紧围绕地区发展思路，积极配合各级党委政府，共同打造农村牧区经济新格局，竭力满足地区农牧业经济发展的信贷资金和金融服务需求，为农牧业经济的发展注入生机和活力。

银行不断创新服务模式，积极组织银行服务队深入农村牧区，向牧民发放业务资料，广泛宣传相关业务的适用范围、准入条件及担保、期限、利率和业务流程；不断丰富支持农牧业发展的产品，先后推出了“那日牧场”“呼和牧场”“乌苏牧场”“呼日牧场”等牧贷产品，丰富了牧区群众的选择，为牧区的产业化发展做出

了巨大贡献；不断创新贷款发放与管理的新模式，开创性提出“牛羊在，贷款安”的牧区信贷新理念，解决了农牧民的融资难题。

2.支持县域经济

银行始终围绕牧民及牧区的微型创业者，推进牧区客户覆盖的广度和深度，为县域经济提供了有力的支持。银行将机构设立于偏远的少数民族集聚的旗、镇地区，服务范围覆盖了苏木（乡）、嘎查（村），让偏远地区的群众也能享受到与城市几乎等同的金融服务。随着自身经营规模和市场需求的扩大，银行也不断延伸与扩充基层服务网点，消除乡镇金融服务的空白，引入“移动银行”的经营理念，将基础金融服务工作扩展到乡村基层，逐步实现乡镇基础金融服务的全覆盖。金融服务的普及为当地的经济发展做出了巨大贡献。

3.支持小微企业

鄂温克旗金融机构办理个体工商户等小微企业贷款，均需要提供充足的房屋不动产作为抵押。而受经济发展水平的限制，当地拥有足值房地产抵押的小微企业少之又少，因此办理金融机构贷款也难上加难。银行在意识到这个问题之后，便积极引进国际先进的微贷项目，开发针对个体工商户的无抵押微贷产品，即“塔拉微贷”。由此，银行成为了当地第一家办理无抵押小微贷款的金融机构，不仅满足了个体工商户的信贷需求，还填补了当地金融服务的空白。

五、核心价值观指导下的相关理念

1.经营理念：支持牧区发展，践行普惠金融，打造草根银行

银行坚持履行服务“三农三牧”的社会责任，致力于解决牧

客户经理在牧区宣传

区主体融资难的问题，支持牧区经济的快速与可持续发展，发挥农村中小金融机构应有的作用。一方面，银行全力推动本地畜牧业的转型升级，围绕各级政府及监管部门制定的方针政策开展各项金融服务，促进了草原畜牧业的增长方式向现代化、规模化、集约化迈进。另一方面，银行也着力提高民族地区商品的流通能力，解决偏远乡村日常商品物资的供应问题，以推动少数民族地区民贸民品行业的发展，这一系列的举措为改善当地人民的生活水平和维护社会稳定做出了巨大贡献。

自成立以来，银行还立足“草根金融”的市场定位，秉承“办牧民信赖的好银行”的使命，支持牧区建设，引导牧民致富，实践普惠金融，探索符合牧民需求的金融服务新模式。银行遵循“关注两个维度，开展两种创新，坚持一个保护”的普惠金融模式，注重服务群体的广度和深度（两个维度），通过产品和服务两种创新模式（两个创新），坚持开展牧区金融消费者权益保护工作，打造牧区普惠金融文化，为牧民及牧区微型创业者提供普惠金融服务，提升他们的自我发展能力。

2.管理理念：坚持审慎经营，加强规范管理，切实防控风险

防止客户过度负债。由于牧民的金融知识较为缺乏，对个人信用的重视程度不足，导致其借款额常常超出其还款能力，因此在还款日时产生巨大损失，并导致大量银行坏账。基于这一情况，银行积极开展牧区基础金融教育工作，通过金融知识下牧区以及

在网络上设置“牧区金融征信服务”双语板块，使牧民逐渐了解银行等金融机构，树立起了金融意识。同时，银行还将借款人的还款意愿与还款能力作为主要贷款依据，使贷款发放与客户的实际还款能力相匹配，有效控制风险。

坚持信息透明化原则。由于地处偏远、交通不便、金融服务不充分等原因，信息不对称问题在牧区尤其突出，银行坚持采用公开、透明的方式为客户提供完整的服务信息。银行一方面针对服务区域的特点，加大精通蒙语的少数民族员工招聘比例（接近牧区基层员工人数的一半），另一方面通过广播、网络等多种渠道，对银行业务种类、办理流程、产品定价等信息进行充分宣传。这些举措消除了牧民客户对银行的戒备，提高了他们对银行产品及服务的信任。

公平公正开展业务。银行坚持贷款信息透明公开，并在正式签署的合同、借据等书面文本中详细列明还款计划，包括借款的本金、利息、分期还款的金额、数量及时间，并注明逾期还款及拖欠情况可能产生的费用与后果。在调查审批阶段，银行对相关流程实行“关系人回避制度”，即要求客户经理、审贷委员及最终审批人事先声明与相关客户是否存在需回避的关系，按原则进行业务操作。同时，银行对收款方式有明文规定，禁止采取粗暴或违反道德及法律的手段，并在客户贷款出现逾期时，保留客户的唯一住房以满足其日常生活所需。

银行还在客户投诉、员工培训及隐私文件保护方面进行严格且规范的管理，确保各类风险在可控的范围之内，为银行的可持续发展保驾护航。

3.服务理念：贴近基层牧民，注重实践创新

围绕牧区群众特征，银行不断完善金融产品体系。为了支持“三

牧”的经济发展，银行推出了系列贷款产品“塔拉四宝”。这些产品结合了牧区的经济特点和群众生产生活的规律，采用职工担保、草场经营权抵押和农民互助风险金等多种形式，解决了牧民贷款抵押难、担保难的问题。银行还于 2012 年引入了“无抵押”的小微企业贷款模式，推出了适用于牧区小微企业的贷款产品——“塔拉微贷”，填补了当地市场的空白。

银行还因地制宜创新工作方法，为牧区群众提供特色的金融服务。首先，银行设定了特色还本付息方式以切合牧区生产生活规律。畜牧业生产周期一般为三年左右，资金回笼相对集中，按月还款存在困难。根据此牧区实际，银行专为牧民贷款设定了按季付息的三年期贷款，不仅减少了牧民的还款次数，还使牧民能够充分利用贷款资金进行牧业生产经营。其次，鄂温克旗牧区主体民族以蒙古族、鄂温克族、达斡尔族等少数民族为主，主体语言为蒙语，针对此种情况，银行设计了汉字和蒙语文字双语版制式文件，更好地保障牧民贷款的知情权。除此之外，为适应牧区生产作息习惯，银行实施针对性较强的宣传模式，即在牧民早餐时间段（早六点左右）和晚上天气预报时间段（晚 7 点左右），通过本地蒙语广播台大力宣传各项业务，使当地牧民能够及时得到银行的金融服务信息。最后，银行还通过推选典型示范户来引导牧民积累良好信用，将“自身实力强、还款信用好”的客户设立为典型示范户，向其发放“诚信客户”牌匾，并给予其相应的贷款优惠条件。通过这种方式，银行逐步引导牧民规范经营、积累良好的信用，牧民群体也树立起了正确的金融观念。

大堂经理为客户送上热乎贴心的奶茶

4.人才理念：以德为先，德才兼备，因才适用，共同发展

以德为先，德才兼备。银行对员工的行为规范有着严格的要求，首先是文化认同，即作为银行的员工应该认同、熟知公司的文化，这样才能共同朝着一个目标前进，既实现个人理想，也实现银行目标。其次是高尚人格，高尚人格是社会对每一个人的要求，也是银行对每一位员工的要求，每位员工都要从点滴小事中去培养自己的人格，通过正确的三观、清晰的理想和坚定的信念最终实现人生价值。同样重要的是尊重客户，银行作为金融服务业就是要为客户提供更好的产品和服务，因此员工必须能够维护与尊重客户权益，以饱满的热情和礼貌的态度对待客户，让他们感受到家一般的温暖。除此之外，爱岗敬业、廉洁奉公、勤俭节约等都是银行十分看重的员工品质。为了提升员工的素质，银行还在为员工提供外出培训机会的同时，从部门中挑选内部讲师为员工提供便捷的沟通与交流，还定期聘请专业讲师为员工提供辅导，帮助员工将理论知识与实际业务结合起来。2013 年成立的“塔拉微金融学社”则欢迎所有有能力、有兴趣探讨和研发关于村镇银行发展课题的员工加入。自成立以来，学社积极参与马背银行文化品牌研究、内控机制建设、标准化管理等理论和实务课题研究，为培养专门人才提供了良好的平台，激发了团队活力。

因才适用，共同发展。银行通过多种途径实现员工与岗位的最佳匹配，并以此实现员工与银行的共同发展。人才主要通过自主培养的途径，通过考核将过程和结果统一在一起，使考核能够科学、全面、准确反映考核对象的业绩贡献和行为表现，评价过去、指引未来。为了切实加强干部队伍建设，建立科学规范的人才选拔制度，保证人才梯队建设的持续性、有效性、科学性，银行通过民主推荐、人事部门考核、董事长行长联席会议研究确定

的程序选拔出素质好、有培养前途和发展潜力的优秀干部，为总行及分支机构补充后备干部。同时为了提高人才培养效率，加快员工成长速度，银行通过选拔认同马背银行文化理念、具有献身牧区普惠金融情怀的员工进行重点培养，使他们享受优先匹配学习、培训资源，优先参与全行性项目工作的待遇。这些举措，不仅帮助新员工更快地熟悉业务、适应环境，找到自己热爱的岗位，对于银行与员工的全面、高效发展也做出了巨大的贡献。

第十一章

银行文化建设：社会责任体系

一、社会责任理论阐释

早在20世纪60年代,西方发达国家即开始关注企业社会责任,对于劳工权益保护、消费者权益保护、资源和环境保护以及贫富悬殊等社会问题的讨论十分激烈。这些观点总体上可以分为两类:一类是传统的企业社会责任理论,即坚持企业不要承担社会责任的观点;另一类是现代企业社会责任理论,即坚持企业要承担社会责任的观点。

1.传统企业理论

传统企业理论是在古典经济学和新古典经济学的基础上建立起来的。基于古典经济学的传统企业理论认为企业的功能能够归结为经济功能,衡量企业成功与否的唯一标准是企业的经济价值,企业管理者的唯一目标就是追求企业利润最大化,即股东利益最大化。

20世纪60年代以后,追求股东利益最大化的观点不断得到强化。相关研究大多以交易费用、委托—代理、不完全契约、信息不对称等概念为核心而展开,形成了所谓的主流企业理论。这一理论的基本观点是,股东作为剩余风险的承担者,享有法律上所赋予的对企业的所有权和控制权。企业股东往往要把企业的控制权委托给管理者。作为代理人的管理者,被要求对股东负有法律上的信托责任,即管理者的行为要从股东的最大化利益出发,股东利益优于其他人的利益。让企业承担过多的社会责任,无疑增加了经营成本开支和费用,与企业利润最大化的目标相悖,也违反市场经济的原则。

2.现代企业理论

现代企业社会责任理论多是以利益相关者理论为基础的,该理论认为企业与很多团体有密切联系,这些团体能够影响企业行为，也能够被企业行为所影响。现代企业社会责任理论的核心思想是：企业是构成当今经济社会整体的基本单元，除了正常经营赚取利润，企业应当同时考虑社会的利益，并自觉承担相应的责任。

从成本和利润的角度来说，企业承担社会责任即便是目前增加了成本，也只是减少了短期利润，企业社会责任能够为企业带来无形资产，稳固企业的长期利润，提升企业的社会声誉。耶鲁大学经济学教授沃利克（Henry C. Wallich）认为，"短期利润最大化行为可能会损害长期生存"，因此，"认同社会责任可以使得公司被社会所接纳，而这是公司持续经营所必需的"。

作为经济体中的重要组织，企业通常占有较多的社会资源、资金、技术及管理人才。因此，企业应当积极参与社会事务，加强公众形象，赢得更多的客户和员工的信赖，使企业的经济效益与社会效益有效地结合起来。

3.商业银行的特殊社会责任

金融行业的特殊性决定了银行还应当承担其特殊的社会责任。就商业银行的自身性质而言，其在国民经济中主要发挥着信用中介、支付中介、信用创造、金融服务四大职能。商业银行属于企业的范畴，但是，商业银行又不同于一般的工商企业，具有一定的特殊性。①经营对象的特殊性。商业银行以金融资产和金融负债为主要对象，经营的是货币这种特殊的商品，关系到整个国计民生。②资本结构的特殊性。商业银行经营所需要的资本绝大部分来自存款人的存款，自有资本所占比重极小。③行为选择的外部性。商业银行是一国货币供给机制的核心，是金融资源配置的主体。不仅是机构的内部问题，还与政府部门行为、相关产业发展、社会经济状况、国家宏观调控政策和货币政策等密切相关，其行为选择具有经济效应和社会效应双重影响。

商业银行的特殊社会责任包括以下方面。

（1）强化风险管理，确保存贷款的安全性与稳定性

这是商业银行作为传统金融机构最本质的责任，不仅关系到银行本身的资金流动和盈利，还关系到行业的安全、政策的执行、经济的发展。首先，存款业务是商业银行最传统的业务，商业银行属于高负债高风险企业，自有资本有限，它的生存与发展在很大程度上是依赖于存款的。其次，贷款是商业银行资产主要形式，也是效益的重要来源，贷款质量一旦出现问题，往往会是致命性的事件。再次，银行存贷款是一国货币创造的基础，是货币政策传导机制的重要载体，尤其是在市场经济中，银行存贷款的这一作用就更加突出。银行的存贷款无论对于个人、银行，还是整个国家经济，都有着十分重要的作用。

（2）引导社会资金分配，发挥社会责任主体优势

银行的直接融资仍然占据着牢固的主体地位，银行在贯彻国家调控政策、促进经济结构调整方面具有不可替代的重要作用。首先，银行应是在保证资金安全和效率的同时，将资金公平分配给贷款人。为了达到社会效用的最大化，要求银行应关注各经济主体对银行服务的需求，加大对资金稀缺部门的信贷支持力度。有效率地配置资金是商业银行的重要社会责任。其次，商业银行在选择贷款项目（企业）时，不仅要关注经济指标，还要关注人文指标、资源指标和环境指标，最大化社会效用，以避免资源浪费。

因此，商业银行在发放贷款、开展业务时，要关注到自身对资金分配引导的特点，认真研究分析国家产业政策，采取有效措施，发挥责任主体优势，对社会资金的分配进行有效的规范和引导。具体包括：①停止对严重危及生产安全、严重污染环境、质量不符合国家标准、高能耗等项目的投资。②控制对生产能力严重过剩、采用落后技术、不利于节约资源和保护生态环境等项目的贷

款。③支持有利于环境保护资源节约型项目的投资，支持中小企业的发展，支持科技创新，实现经济、社会全面可持续和协调发展。④支持社区建设，通过慈善捐赠对资金进行再分配，促进社会公平。

（3）加强自身信用体系建设

银行自诞生之日起就无可厚非地与信用相联系，并且在社会信用体系中占有绝对的地位。一方面，银行的正常经营发展是建立在其他信用主体之上的，只有政府、企业、个人等相关社会主体的信用状况良好，银行的各项业务才能顺利开展，整个信用体系才能有效地运作。另一方面，银行的信用又对其他信用主体起到了积极促进的作用。良好的银行信用势必有良好的经营状况、完善的治理机构、有效的风险管理和监督机制做支撑，这些都在很大程度上抑制了其他主体出现违背信用准则的行为。同时，商业银行必须意识到自己在社会整体信用中的作用，加强自身信用体系建设，担负起这份责任。

二、马背银行的企业社会责任实践

在履行企业社会责任的过程中，银行在很多方面都有所作为，主要包括为中小企业和个人提供信贷、开展金融教育、支持环境保护、支持民族文化保护、实践普惠金融五大方面。

1.采取综合授信，为中小企业及个人提供信贷

2018 年，受全国经济下行、金融监管趋紧、流动性不足等因素影响，鄂温克当地实体经济不景气程度提升。在此背景下，银行紧跟牧区市场发展变化，依据信贷资产的实际情况，适时适度调整和优化信贷结构，通过简化申请流程、放宽准入条件、采取综合授信等多种模式，将业务重点向质量相对良好的个人消费信贷类、小额住宅抵押类贷款等领域转移。

为了更好地推进牧区信用体系的建设工作，鼓励牧民重视征信记录，远离非法高利贷活动，银行针对还款良好的客户开展星级客户评选工作，将剩余贷款期限两年以内的，且各期还款逾期天数合计不超过 90 天的客户评选为三星级客户，各期还款逾期天数合计不超过 20 天的客户评选为四星级客户，各期还款逾期天数合计不超过 3 天的客户评选为五星级客户，并推出星级客户专享贷款产品，以满足星级客户群体的贷款需求。同时，银行还开展了嘎查（村）三星级、四星级、五星级的评选工作，以拓宽整村授信范围，推动牧区信用体系建设工作。

银行在发展过程中，也充分发挥金融机构的杠杆作用，合理配置信贷资源，不断加大县域多行业小微企业的支持力度，为优化当地产业结构、推进县域经济协调发展做出了贡献。如发展塔拉微贷，发放无抵押小微企业贷款，使银行成为区域内首家开展无抵押小微企业贷款业务的金融机构；通过贷款支持牧区多行业小微企业发展，涉及行业广泛，包括生产加工、交通运输、批发零售等。

2.开展金融教育

受环境等因素影响，牧民相对缺乏金融知识，银行积极开展牧区基础金融教育工作，组织送金融知识下牧区活动，为牧区群众普及金融知识。同时，在网站上创建“征信服务”板块，通过网络的形式向基层牧民提供认识金融服务、了解征信知识的平台。精通蒙语的少数民族员工编写《学说蒙古语》小册子，鼓励员工学说蒙语，打破与牧民客户之间的沟通障碍，便于传递金融知识。

此外，通过建设“塔拉金融”加强金融教育。“塔拉金融”，象征草根银行、草根金融，以“塔拉微贷”为切入点，创办“塔拉微金融学社”，组建“塔拉小舞台”，开设“塔拉大讲堂”。借助银行的员工马队，更加贴近基层牧民。

员工受邀进入地方广播电台用蒙古语为牧民群众播音

3.支持环境保护

银行认真执行各级政府和监管部门有关草原畜牧业转型升级的方针政策，并以此为中心，开展各项金融服务工作，促进草原畜牧业增长方式向现代化、规模化、集约化迈进，在保护环境的基础上支持经济可持续发展。

近年来，银行重点支持了旺原奶牛专业合作社的综合性现代化奶源基地，促进草原畜牧业集约化发展。此外，银行还与当地政府签订《政银合作意向书》，承办呼伦贝尔市畜牧业发展现场经验交流会，共同支持牧区农牧民经济合作组织、龙头企业以及涉农小微企业等实体经济的发展。

4.民族文化保护

民族文化的传承与保护是牧区社会责任体系的一大特色。多年来，银行也积极帮助当地民族文化实现有效传承。

鄂温克旗伊兰工作室是银行帮助传承民族文化的一个典型事例。自 2007 年 11 月成立起，社团致力于挖掘整理当地民族民间文化遗产，建立数据库，开展各地各民族同胞的民族民间文化交流活动，开发研究并制作民族服装和工艺品，注重旅游产品的开发和具有呼伦贝尔草原特色的民族工艺品的生产。在银行的帮助下，鄂温克旗伊兰工作室成长迅速，不断发展壮大。2012 年 9 月，为进一步扩大规模，发扬民族文化，该社团向银行申请贷款 8 万元，用于网站注册、商务平台、安装服务器、实现支付功能等，现已初具规模。2014 年 3 月，再次申请贷款 10 万元，用于筹建新经营场所，增加了三个经营地点，分别位于鄂温克旗赛克社区、创业园以及呼伦贝尔市海拉尔区。在社区的帮助下，妇女手工艺品传习所得以成立，进一步将民族文化传承，也为社区百姓提供了就业创业机会。

在发展过程中，鄂温克旗伊兰工作室以良好的信誉和优质的产品获得了社会各界的广泛好评。从 2011 年起，社团开始承办各类民族文化交流活动，积极协作参与各类民族活动的组织、安排等；还积极组织演出，将民间故事、历史事件进行自编自导自演；同时，社团每年都会为大学生搭建平台，组织民族调研活动、召开研讨会协助调研。通过几年的努力，社团为发扬民族民间文化，传承民族精神做出了积极的贡献。2009~2010 年，社团在达斡尔民族服饰大赛上，连续两年荣获传统服饰一等奖、现代服饰二等奖和三等奖。银行在发放贷款中对于民族文化企业的侧重，帮助当地有效传承民族精神和特色文化。

鄂温克旗伊敏河民间艺术团也是银行帮助传承民族文化的一个代表。鄂温克旗伊敏河民间艺术团是老中青结合、以民族艺术为主要歌唱对象的团队。主要成员包括国家一级演员及说唱艺术大师，文艺形式以独具特色的民间民族艺术表演为主，原生态作品突出赞美民族民间文化，自拉自唱传承古老民间艺术、民歌、说唱好来宝，是当地群众喜闻乐见的民族文化。

银行重视保护传承少数民族文化，每年为该艺术团提供演出

伊敏河民间艺术团部分成员与银行员工合影

的资金和平台支持，促使其将少数民族文化发扬光大。艺术团建立以来，积极开展了各类公益活动，到武警部队、敬老院，到基层下乡演出，深受大众喜爱，在原创文艺作品创作上也颇有建树，历年所获奖项包括：全国八省区乌力格尔民歌二等奖、2010 年全区蒙古四胡大赛一等奖、2012 年郭尔勒斯杯第三届蒙古四胡大赛二等奖、2014 年全国曲艺大赛二等奖、2016 年全市五角枫杯民歌大赛一等奖、香港回归二十周年庆典比赛全国二等奖等。伊敏河民间艺术团发扬宣传民族古老的艺术，一直以公益演出为宗旨，积极参与市、旗大型活动，是活跃在草原上的弘扬民族优秀传统文化、传承下一代民间文艺的骑兵。

5.实践普惠金融

银行立足“草根”定位，支持牧区建设，引导牧民致富，实践普惠金融，探索符合牧民需求的金融服务新模式。

内蒙古牧区金融服务考察万里行出发仪式

马背银行普惠金融模式框架图

关注两个维度	服务群体广度
	服务群体深度
坚持一个保护	客户权益保护
开展两种创新	产品创新
	服务创新

①服务群众广度。银行积极下沉基层营业网点，构建牧区金融服务网。截至 2018 年，银行辖内 13 个苏木实现服务全覆盖，73 个嘎查服务覆盖率 80%，累计发放贷款 37.91 亿元，户均 15.29 万元，贷款涉牧比例达 92.5%，牧民客户比例超过 60%，女性客户比例 24.27%，直接用于牧区养殖业的贷款比例 66.12%。

②服务群众深度。截至 2018 年，距银行 50 公里以上的嘎查 55 个，占服务覆盖嘎查总量的 75.3%。覆盖群众的地理位置跨度极大，深入服务辖区群众。如巴彦库仁支行辖区内最远客户位于与俄罗斯接壤的鄂温克苏木辉屯嘎查，距支行 200 公里。伊敏支

中国小额信贷联盟理事长杜晓山（左11）率团到马背银行调研

行辖区内最远客户位于南辉苏木完工托海嘎查，距中蒙边界 57.4 公里，距支行 100 公里。此外，银行还设立了牧区服务站，现场为牧民提供业务咨询、贷款申请等金融服务，在有条件的嘎查（村）设立嘎查服务站，在民俗活动现场搭建蒙古包，设立流动服务站。

6.客户权益保护

2011 年 7 月，经发起行包商银行推荐，由国际小额信贷联盟专家 Lalaine Joyas 女士、中国小额信贷联盟副秘书长王丹女士等一行五人组成的专家组来到银行，开展全国微型金融机构中首例客户权益保护评估活动。专家组对银行客户权益保护工作给予充分肯定，认为银行的一些先进举措可以作为整个行业的标杆在全球范围进行宣传推广。

银行客户权益保护六方面实践做法：

第一，防止客户过度负债。①开展牧区金融教育，普及金融知识；②把还款能力作为主要贷款依据；③根据牧区特点设计信贷产品；④制定牧民可负担的产品价格。

第二，信息透明化。①提高员工蒙古语说、写能力，与牧区客户有效沟通；②通过广播、网络等多渠道，为客户提供充分获得金融服务信息的机会；③遵循重要信息提示原则，对保护客户权益的内容着重强调。

第三，公平公正对待客户。①贷款信息透明公开；②调查审批“关系人回避”；③收款方式合法合规。

第四，员工职业道德教育。①对职务腐败“零容忍”；②职业道德教育常态化，强调廉洁自律。

第五，有效投诉。投诉处理原则：①公平礼貌专业地处理客户投诉；②在客户不满意现有投诉处理时，应主动告知客户更高级别的投诉处理渠道；③投诉处理应该及时、有效，不拖延客户，避免造成客户投诉问题升级。

第六，客户隐私保护。强调“员工应保护客户信息”的职业素养，有关制度中明确要求“未经客户授权的客户商业和个人信息不得泄露,禁止向第三方售卖或与第三方共享客户信息”的要求，从内控制度上对客户的隐私信息进行保护。

三、核心价值观——关爱员工、尊重客户、主动承担社会责任

1.关爱员工

银行始终坚持以人为本、人才兴行的理念，让员工和银行共同成长。通过搭建平台实行员工公开招聘和干部竞聘上岗制度，开辟了员工职业发展通道；通过建立总行、条线、支行三级培训体系，实行管理序列和业务序列并行的职业发展双通道，推行员工成长计划；通过组织员工内部、外部等多种培训，不断开阔员工视野，提高员工技能；通过开展多项文体活动及员工帮扶、关爱活动,提高员工队伍的向心力与凝聚力,提升对员工的人文关怀。

银行不仅多次举办“塔拉大讲堂”活动，邀请业内知名学者进行专题讲座，还成立了草根金融理论研究学术社团“塔拉微金融学社”，鼓励员工开展牧区微金融应用理论的探索和总结。为了

保障员工的安全与健康，行内指定了《健康指引》等多项规定，并定期开展突发事件救护演习。银行还适时开展员工喜爱的各项文体活动，如摄影比赛、书法比赛、篮球赛、拔河赛等等，这都丰富了员工的业余生活，让他们感受到家一般的温暖。

案例分享：首席风险官马宁的九年

近十年的银行工作生涯，使马宁从一名普通的部门职员走到了高管的岗位，十年的酸甜苦辣咸，已经让整天横冲直撞、风风火火的女汉子从一名“小愤青”变成了一个“成熟”一些了的“老奋青”。2010年1月7日，行里第一次组织述职，马宁一边念述职报告，一边流泪，是马背银行成立以来的艰辛、领导们的执着以及同事们的努力让她感动，让她感觉自己参与其中也做了一些伟大的事情。

马宁是员工中第一个连跳两级晋升的人，第一个成为部门副总主持工作的人，第一个员工身份成为银行工会副主席的人，第一批中层管理人员成为党委委员的人，第一个身兼两个部门经理的人，第一个在领导决策下筹建过两个新部门的人。拥有这么多的第一，马宁在感到幸运与荣耀的同时，也感到了领导们的培养是多么的用心良苦，也感受到了银行的发展给员工的成长创造了无限机遇，这样的成长机遇对于每一个平凡的人来说都是千载难逢的。马宁在领导们的鼓舞、鼓励、包容下，同事们的帮助、支持之下成长起来，她对这里的人、这里的一砖一瓦都感情深厚。随着马背银行的成长壮大，她的视野更加广阔，心灵有了更大的舞台，从而愿意去担当更大的责任，希望去挑战更大的目标。

2.尊重客户

银行用实际行动践行“尊重客户，服务客户”的理念。从

2012 年冬季起，银行每个工作日都会自行熬制热腾腾的奶茶，无论是银行客户，还是任意一位走进银行营业厅的百姓，员工都会向其奉上这份温暖的心意。在寒冷的冬天里，每一杯奶茶，每一句问候，都是银行全体员工对牧区人民的真诚与爱心；每一次停留，每一个微笑，都是大家对银行的支持与鼓励。

除此之外，银行还在多个网点开设了蒙语服务窗口，并安排了蒙汉语兼通的员工为有需求的客户进行业务办理，消除了工作人员与牧民客户的沟通障碍，大大提升了业务办理效率。会蒙语的大堂经理，蒙汉双语的服务文件与业务宣传网页，这些举措都让不懂汉语的牧区群众也能了解金融服务信息。银行相信，尊重客户才是一行稳行致远的长久之道。

3.主动承担社会责任

银行致力于改善当地民生。十年来，银行面向社会招聘了数百名员工，大部分工作岗位向大学毕业生提供，少数民族员工的录取比例也在稳步提升。银行的发展不仅为更多的本地人民提供了就业机会，还减轻了他们的家庭负担。

银行热心开展社会公益，通过慰问老干部、关爱牧区青少年教育、走访牧区困难户等多种形式践行其社会公民的责任。每到春节前夕，银行都会派出员工前往地区的困难户家里进行慰问，带去日常生活所需的物品。当周边地区出现自然灾害，银行也第一时间为灾区进行募捐，并为有需要的灾民开通取款贷款的绿色通道。银行也十分注重青年员工志愿者队伍的建设，不断健全青年志愿者的组织机制，提升志愿者服务活动的品牌形象，为牧区群众开展义务金融知识宣传、捐资助学、助老扶残等一系列活动。

第十二章

牧区普惠金融的基层实践：网点建设

一、网点建设

网点的建设并非一朝一夕所能完成，需要倾注员工的心血。网点的选址，应当综合考虑多方面的因素，包括地理条件，如交通状况和人口密度；当地的人文条件，如治安状况、人员整体素质等，同时对成本、监管要求等一系列问题进行综合统筹。近十年的时间里，鄂温克包商村镇银行的员工们在实践中不断地探索和总结，得出了网点从选址到后续的管理服务中的一些经验与教训。

1.网点的选址

地区选择。要关注地区发展情况，包括居住人群状态，经济发展情况等。人口密度较小的、整体信用记录不良的、普遍有爱好赌博之嫌的、周边环境安全性较差的地区都不适宜建立网点。比如大雁地区，目前人员流失问题比较严重，留下的大部分是老年人，经济活力不足，因此大雁区不适合再建新的网点或者扩张经营。从目前情况来看，鄂温克包商村镇银行关于新设网点的看法是，北线（根河、额尔古纳等）是比南线（莫力达瓦旗、鄂伦春旗、鄂温克旗、扎兰屯等）更好的选择。

地带选择。要选择中心地带，选取中心地带不仅有交通便利、人流大等优势，而且可以带来很好的宣传效果，收益远大于选择偏远地带再进行后期宣传。

房屋选择。不能选择陈旧老房。无论是后期维修的成本，还是出于对员工的关爱，选择陈旧老房都会带来很多问题。尤其是在鄂温克旗这七个月需要取暖的地方，室内温度特别重要。良好的工作环境会直接影响员工的工作积极性，甚至影响到员工的流失。选择质量好的房屋，也是银行关心员工最基本的民生问题的体现。

此外，房屋装修也是应当关注的问题。应该选择有经验的装修队伍，同时在色调上、装修风格上尽可能与总行保持基本一致性，形成独特的风格。

2.网点的管理

网点的管理应当从网点建立之初就重点关注。从实践经验来看，如果出现问题之后再去“修补”管理上的漏洞，会浪费很多人力资源，对新网点的发展也会造成不利的影响。

对网点的发展状况应当有一个立体的评价标准。新网点自建立的两年内应当取得一定成效，不仅从存、贷的数据上，还要从整体的管理情况、员工的状态等多方面去评价网点的发展状况。大雁支行就是一个例子，虽然从存、贷数据上看表现良好，但忽视了更深层次的整体上的管理问题，导致出现目前被动的局面。

对网点建设过程中的成本与可行性进行综合统筹。通常要考虑的有：人员成本（熟悉当地语言的员工更方便开展工作）、市场开拓成本、信贷员贷前贷后成本、人员配比、风险管理以及适合当地的业务类型等等。

3.网点的服务

从硬件设施上，力求提升网点的整体环境和设施齐全程度。鄂温克包商村镇银行采取了一系列具体措施，包括规范安装摄像头、粉刷墙壁、设立宣传专栏和填单柜台、开设爱心窗口、增设柜台前转动座椅等等，目的就是让客户办理业务更方便快捷，同时办得舒心、放心。

从服务质量上，努力提供人性化的优质服务。首先是卫生，网点的卫生状况是给顾客的第一印象，关乎网点形象。为此，银行鼓励员工们充分利用下班时间积极打扫支行内外卫生，使行内保持干净整洁。其次就是员工们的形象和服务质量。工作时间内，

要求员工们统一穿正装，打领带，佩戴笑脸牌和工号牌，保持干脆利落的形象。在服务态度方面，牢记“一切为了客户，服务尽善尽美”的服务理念，时刻将为客户做好优质服务作为自己的座右铭；在服务工作的细节方面，追求完美，不管工作有多忙，始终坚持微笑服务、热情服务，把优质服务工作做到客户的心坎上。在人性化服务方面，员工根据客户的实际困难，打印出温馨提示和各种业务介绍流程，给客户带来切实的方便。

近十年以来，鄂温克包商村镇银行不仅是这么说的，而且是这么做的。人性化的服务才是真正的优质服务。令人信赖的服务质量、令人赞许的服务效率、令人满意的服务态度，搭建起银行与客户之间的情感桥梁，也是这家银行未来长足发展坚实的基础。

当然，在新网点的成立过程中，鄂温克包商村镇银行也遇到了各种各样的问题，比如：

网点的报批。现在监管要求，如果想新设网点，需达到资本充足率、不良率、监管评级的要求，在宏观经济不乐观的环境下，同时满足三项指标的难度越来越大，对于村镇银行的发展很不利。同时，网点报批涉及的流程较为复杂，需要上报董事会，需要向相关部门（银监局、公安局等）上报网点设立的材料，需要制定战略规划，而且如果当年的计划中没有新设网点的规划，还需要单独说明，整个流程需要不少时间与人力成本。

网点的选址。网点选址难度较大，尤其在经济欠发达地区，找一个临街的适合银行使用的网点难度很大。再加上网点回报期普遍较长，有些甚至长期亏损，所以网点选址必须将未来盈利情况考虑在内，导致网点的选址面临比较大的困难。

网点的管理。总行对各网点的整体管理难度较大。由于各网点的特点都不一样，如何制定适合各网点的考核指标很关键，也很难。如果统一标准，不符合网点的实际情况；如果差异比较大，又容易造成各网点的不满。

网点人员梯队建设。首先是支行行长的选择，现状是内部提拔的话有能力担当的人少之又少，外部招聘的话又会出现是否认同企业文化的问题，而且总行对各网点的远程管理也较难控制。

网点负责人的长短期规划与现在的营销费用核算方式的不一致。据银行员工说，银行现在的营销费用主要根据存贷款增量计算，但是对于新网点要想长期营销，肯定所耗费的成本和营销费用不匹配。

然而，企业总是从解决问题的过程中不断成长，针对面临的难题，鄂温克包商村镇银行实践总结出了一些解决办法。

网点布局。寻找合适的平衡点，综合考虑县域限制、盈利水平、网点建设的品牌宣传功能等多个方面，同时针对地区特色开展相关业务，例如在汉人聚集的地区重点发展存款业务。

网点管理。设立多个考核指标，根据网点特点，按照加权增长率来考核。发挥各网点的优势，各取所长；要根据网点特点，对应相应的激励方法，例如对于单项指标下降比例、不良率指标等严重超标的可以使用总行托管模式，而不是暂停业务。

网点人员梯队建设。一是重视对员工的培养，使员工能够在工作过程中不断进步，为胜任进一步的工作打下坚实基础；二是团队中配备精通少数民族语言的员工，积极寻求有当地生活及居住经验的领导或者员工。

一家新支行的建设成立，背后都是员工的默默付出，巴彦库仁支行的员工——王菲，就讲述了支行创立时的故事。

王菲是2013年入行的，当时还是一名刚毕业的学生，

2014年从上海看病回去后调岗到陈巴尔虎旗巴彦库仁镇的巴彦库仁支行。虽然王菲是地地道道的内蒙古人，但从林区过渡到牧区还是感慨于内蒙古的辽阔。巴彦库仁支行的员工百分之六十都是蒙汉兼通，每天耳边都是纯蒙语的对话与交流，王菲心里充满了新奇，虽然有时并不能完全理解，但笑容是沟通最有效的桥梁，拉近了他们的距离。

那时王菲因为脸部过敏感染严重，面临很大的心理压力。据她自己说，每天都得经历三重担忧，一是担心在窗口影响银行的对外形象，二是担心客户和同事的眼光，三是自身病痛的影响。但来到了行里之后，收获了很多温暖，行领导的鼓励让她信心倍增，那时的她脸上从没断过笑容，因为担心所以更加用心，她贴心的服务得到了客户的认可和表扬，同事更是因为梦想汇聚到一起，是并肩的战友与伙伴，不在意她的脸庞。那段时间里，王菲每一天过得都很充实，疾病得到了好转，最终痊愈，存款也在那段时间突破了260万，完成了当时个人的既定存款任务，那段时光成为了她人生的一段难忘经历。

回忆起那段艰难而又美好的经历，王菲说道："哪有什么岁月静好，只是有人在替你负重前行，我有幸能在最好的年纪遇到了鄂温克包商村镇银行，来到巴彦库仁支行这个团队，我一定会更加努力，贡献我的光和热，敢于承担责任，实现自我价值，不辜负行里的信任与栽培，心怀感恩，饮水思源，为巴彦库仁支行的璀璨未来筑梦致远。"

二、网点业绩

10年之间，鄂温克包商村镇银行扎根牧区，始终用心为牧区人民提供服务，为牧民以及其他有需要的人提供贷款服务，牧区人民也对鄂温克包商村镇银行越来越信任，放心将钱存到这里。

总行业务开展得最早，经营时间也最长。2009 年是总行业务部成立的第一年，当时存款余额只有 3994 万元，贷款余额只有 848 万元。在之后的十年间，总行稳扎稳打地发展，存贷款业务量逐年攀升，2011 年贷款量已经能覆盖存款量。至 2018 年，总行业务部的存款量达到了 20470 万元，比创行之初的存款量翻了五番，而伴随着存款业务的壮大，贷款业务有了发展的根基，2018 年的贷款余额达到了 39015 万元，是创办之初的 50 倍左右。

巴雁支行在 2010 年设立之初时，存款余额是 3500 多万元，与总行成立之初相当。巴雁支行主打的是存款业务，从近 10 年的存贷款情况来看，巴雁支行的存款规模超过总行，存款余额在 2014 年达到 2 亿左右，之后一直维持在这个规模附近，贷款余额也于 2014 年首次超过 1 亿，在 2016 年达到最高水平 14513 万元。巴彦库仁支行业务规模相对较小，与覆盖服务区人口相对较少有关，但巴彦库仁支行的增长势头却超越了更早成立的总行和巴雁支行。自 2011 年成立以来，除在 2013 年出现了一个小的爆发点，其余年份存贷款业务呈现出相当稳定的增长曲线。2018 年巴彦库仁支行存款余额为 10908 万元，贷款余额为 16655 万元。

与其他几家支行相比，伊敏支行的存款业务发展比较缓慢。存贷比相对较高，体现了伊敏支行服务区内企业和民众的有着更加旺盛的贷款需求，2018 年伊敏支行存款余额为 6899 万元，贷款余额为 15733 万元。有了前几家支行为基础，加上银行成立 5 年间积累的经营经验，新区支行自成立之初就保持了稳定的存贷款规模，存款余额一直维持在 1 亿 ~1.5 亿元的范围内，贷款余额大致处于 1.5 亿 ~2.2 亿元范围内，是几大支行中业务最均衡的支行。

北河支行是银行成立的第六家支行，下设营业部，现有员工 7 人，目前只开设了存储业务，2018 年存款余额为 7096 万元。

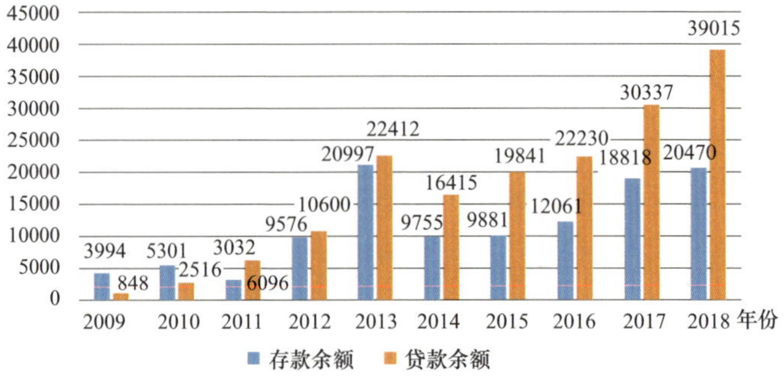

图12.1　总行业务部存贷款业务情况（万元）

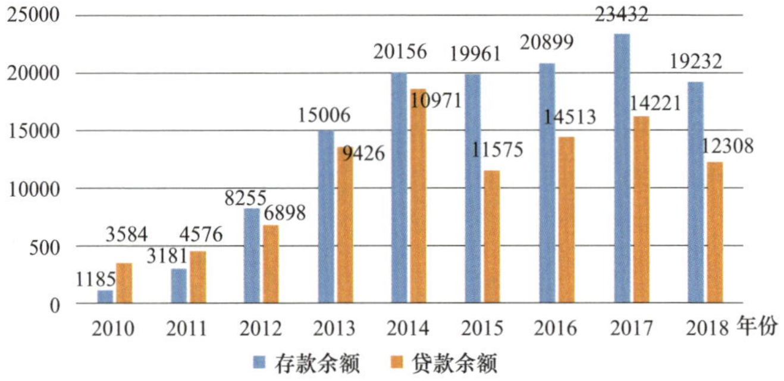

图12.2　巴雁支行存贷款业务情况（万元）

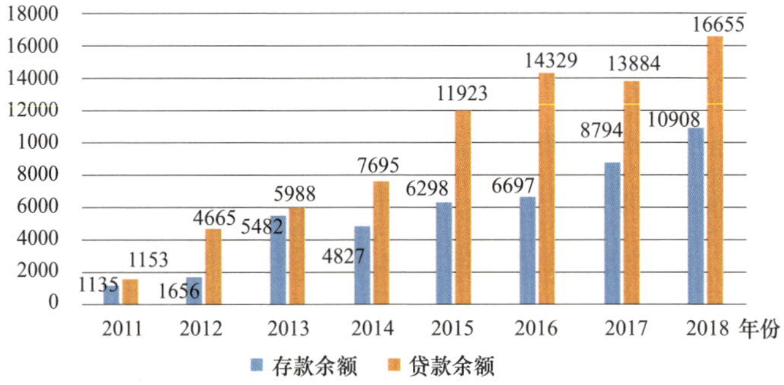

图12.3　巴彦库仁支行存贷款业务情况

表 12-1　　各支行员工数量

总行业务部	巴雁支行	巴彦库仁支行	伊敏支行	新区支行	北河支行
8	10	19	14	17	7

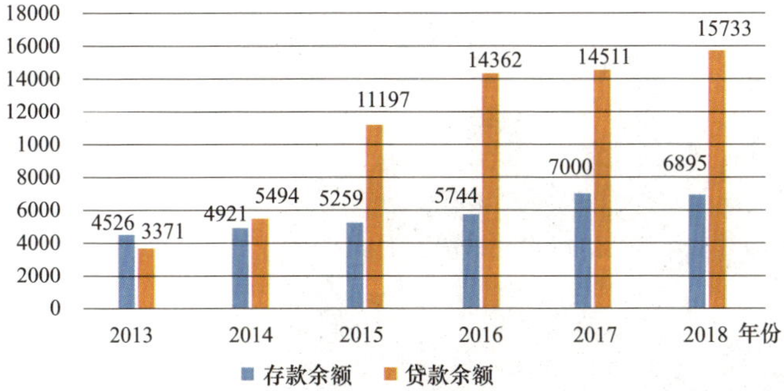

图12.4　伊敏支行存贷款情况

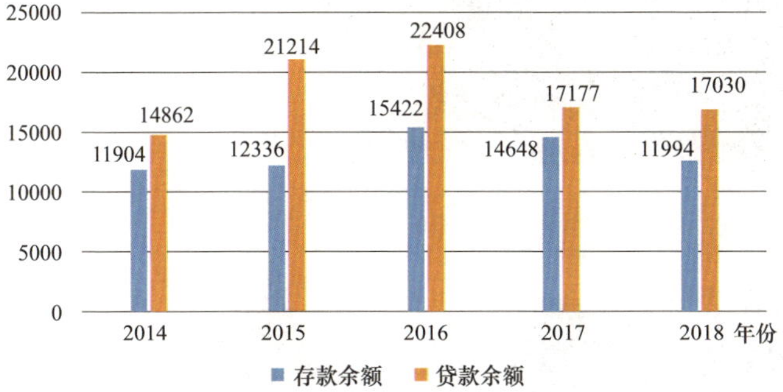

图12.5　新区支行存贷款业务情况

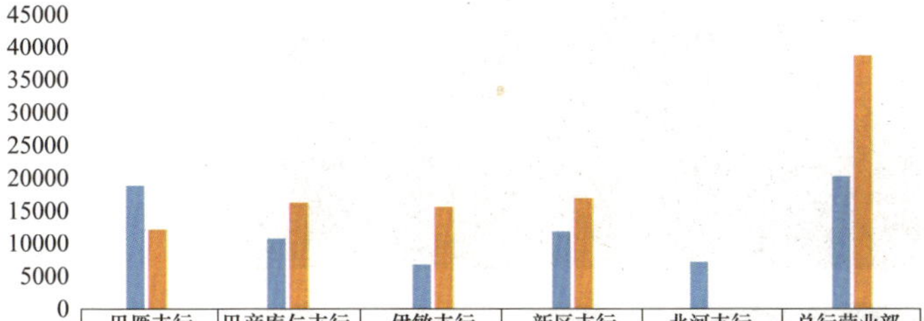

	巴雁支行	巴彦库仁支行	伊敏支行	新区支行	北河支行	总行营业部
存款余额	19232	10908	6895	11994	7096	20470
贷款余额	12308	16655	15733	17030	0	39015

图12.6　2018年各支行存贷款情况

综合来看，各个支行服务的区域不同，其战略规划也会因地制宜。比如巴雁支行主营存款业务，就考虑到当地人口贷款需求不强，北河支行更是专门从事存款业务。从体量上看，存款业务规模最大的两处网点是总行业务部和巴雁支行，二者不分伯仲；就贷款业务而言，则是总行业务部一马当先，北河支行以外的其他四个支行贷款业务规模相当。

客户送给巴雁支行锦旗

北京大学经济学院王曙光教授
在伊敏支行调研

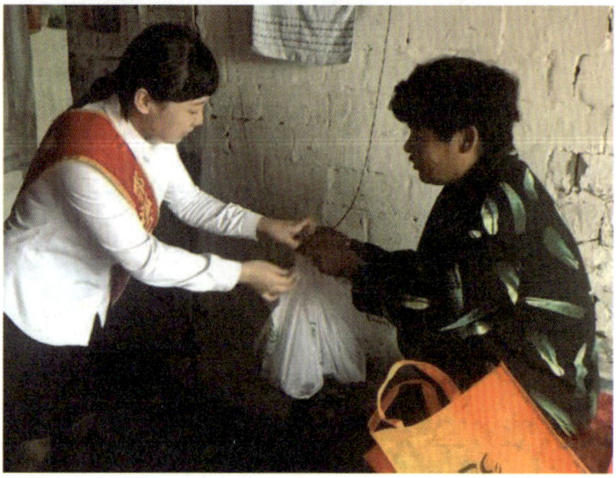

伊敏支行员工端午节为贫困
客户送粽子

三、网点特色

1.稳中求进，创新求变——巴彦库仁支行

2018 年在总行的正确领导下，认真贯彻总行经营战略决策，在 2.0 升级任务的挑战和期许下，巴彦库仁支行 2018 年外拓市场开发与营销，内抓能力建设和管理，提质与增效并重，推动巴彦库仁支行全面协调可持续发展，取得了较好的经营发展成果。

（1）开拓市场，坚守质量，规模质效同步提升

截至 2018 年末，各项存款余额 10908 万元，较年初增加 2114 万元；各项贷款余额 15826 万元，较年初增加 3000 万元。在规模较快增长的同时，质量和效益也同步提升。

（2）顺势而为，创新求变

巴彦库仁支行牢记“马背银行　筑梦草原”的使命，以“做全国最好的牧业金融机构”为愿景。坚持创新驱动，走“特色化、专业化、精品化”发展之路，保证规划目标的实现，夯实发展基础。

2018年，该支行重新对辖区内市场进行充分调查研究，在3月、5月相继出台了两套信贷创新产品，分别为针对牧区客户群体研发的“现代牧场”以及针对上班族、有房族研发的“安居乐业贷”。经过不断完善，现在已经逐渐推入市场且反响较好。2018年累计发放新产品情况为：现代牧场212笔4350万元；安居乐业贷62笔592万元。

（3）文明规范服务，实现客户“零”投诉

2018年起按照鄂温克包商村镇银行营业网点标准化规范服务要求，将客户服务工作纳入员工绩效考核，并利用晨会进行总结，加强了日常的过程管理和服务培训工作。柜员和大堂严格按照服务“七部曲”规范服务流程，统一着装和服务用语。

银行是服务行业，宗旨就是服务客户，员工要以优质、贴心的微笑服务让客户感受到银行的温暖，提高对银行的信任。自2018年3月开始第一期礼仪服务培训，为确保达到微笑服务标准，特购买了微笑训练器，每日晨会抽出一部分时间对员工进行微笑礼仪培训。

2018年成立了苏尤勒都兰·乌若社区服务站，共计与三家社区达成共建意向并开展活动，与老年大学连续三年建立良好的关系，借助父亲节契机举办“马背银行杯”最美父亲表彰大会暨都兰·乌若社区服务站揭牌仪式；父亲节联合社区党委对社区困难家庭组织慰问活动；中秋佳节，联合社区服务站举办“情满中秋，欢度国庆”主题联欢活动，为留守老人或家庭联系在外地工作或学习的儿女，制作中秋祝福视频，在活动现场进行播放，让他们体会家人的温暖。支行员工在活动过程中开展存款产品等营销宣传活动，通过社区服务站真正走近居民，与客户建立更深的黏合度。

该支行于2017年起建立嘎查服务站，通过嘎查服务站提供贷款咨询、受理、金融知识宣传以及高利贷危害知识宣讲活动。

每年的五月初五，是巴尔虎人民祭祀敖包的传统节日。支行员工共同前往巴彦哈达草原祭祀敖包，祈愿牧民生活富足、银行蒸蒸日上、家人幸福安康。祭敖包现场，该支行支起蒙古包作为服务点，包内精心准备热气腾腾的奶茶、奶酪、糕点等食品，为前来参加仪式的牧民群众送上贴心温暖的服务。

员工教客户使用手机银行

（4）强化管理，关心职工，打造亲情团队

该支行贯彻以服务求发展，向管理要效益的管理方针，严格按照规定去办理日常业务，坚决执行各项规章制度，除严格执行全行制度外，为了加强内务管理，支行内部自行制定了银行巴彦库仁支行内务管理规定、晨会管理制度、费用报销规定、宿舍管理培训，签订安全协议，食堂管理等管理制度，在节省开支的前提下，选取两家餐厅满足员工需求。

工作中，职工们相互支持、协同合作。在生活上他们更像是一个家庭，每名员工都能真正地关心对方，互相团结，相互帮忙，在日常生活与工作中处处体现了上下一心、团结一致的观念，营造出和谐向上的氛围。

行领导与巴彦库仁支行员工在宣传活动上合影

（5）将支行的经营愿景与个人的职业生涯设计有机结合

以争创一流，支行与员工、支行与客户共成长成为全体员工行动的共同愿景，建立起学习型组织的目标体系。巴彦库仁支行不仅制定了短期的经营目标，还制定了长期的目标体系：以学习为目标，以创新为动力，充分挖掘和发挥员工的主观能动性，提高员工的综合业务水平，提升对外的服务质量，在服务和促进地方经济发展的过程中实现自我超越，与客户共成长，让员工与支行在共同成长的过程中共享经营成果。据此，制定了相关的实施办法，例如：每月根据业绩及对支行贡献评选出三名“明星员工”，制定大比拼方案，设立“业务能手”“贡献奖”“存款营销能手”等，历次活动中每个人都有机会充当组织者、领导者，充分发挥主观能动性，站在支行的角度考虑问题，建立主人翁意识。

（6）成立以来获得的奖项

2015 年 4 月荣获由中共陈巴尔虎旗委员会、陈巴尔虎旗人民政府评选的陈巴尔虎旗“先进集体”，2016 年 11 月，获得陈巴尔虎旗“金融服务三等奖”、客户“希都日古”荣获 2016 年度中国银行业协会（花旗集团）微型创业奖，2016 年 12 月，支行员工讷文奇荣获陈巴尔虎旗“最美窗口服务之星”第一名，2017 年 11 月，支行作为陈旗首批迎检单位迎接三类城市汉语言文字工作达标评估、陈巴尔虎旗获优秀等级，2018 年 4 月，获得陈巴尔虎旗职工篮球赛冠军，2018 年 8 月，支行员工白龙参加呼伦贝尔市彩虹跑，获得个人第一名，2018 年 12 月，支行员工秦美杰荣获陈巴尔虎旗“最美窗口服务之星”第一名。

2.路在脚下，梦在前方——新区支行业务部

在呼伦贝尔的大地上，有这样一支信贷队伍，他们默默无闻，但甘于奉献；他们朴实无华，但勇于开拓。他们是一个最富有战

新区支行员工党建活动合影

斗力的团队，充满激情，不畏艰难，用智慧和力量开拓事业；他们用职责、忠诚、执行力和组织力成为前进道路的奋斗者。从他们那里，通过金融扶持，为草原牧民、个体工商户的经营与发展注入源源不断的动力。一个个沉甸甸的数据显示，2018 年，是一个“丰收年”，截至 2018 年 12 月 31 日，新区支行全年发放贷款 745 笔，金额 9948 万元，单笔平均额度 13.35 万元。

这些成绩的背后，凝聚着大家努力付出的汗水。2018 年对于新区支行来说，是充满机遇与挑战的一年，是需要奋进的一年，就是在这样的一年里，一支平均年龄 28 岁的年轻队伍，为鄂温克包商村镇银行的发展做出了应有的贡献。

过去的一年，新区支行业务部成立红旗嘎查服务站，为嘎查周边牧民提供了更加优质、便利的服务，为牧民节省了往返时间和资金成本，更加贴近牧民的生活，拉近了与牧民之间的距离。过去的一年，新区支行业务部举办了社区扑克大赛以及答谢客户抽奖活动，为鄂温克包商村镇银行社会形象的树立迈出了重要一步。本着“人心齐　泰山移”的信念，年轻的员工们自愿利用休息时间加班，为支行创造了清收压降的好成绩，也为全行总体的指标作出了贡献。在抓好经营工作的同时，新区支行业务部也非常重视团队建设。人是生产力中最关键的因素，人的问题解决了，一切问题都解决了。正是基于这种理念，该部门把抓“人心工程”、以人为本的管理，作为发展壮大的基础和动力，始终致力于“工作为重，员工第一”，尊重员工、理解员工、关心员工。在工作之余，通过开展各种团建活动提升团队凝聚力，拉近员工之间的距离，从而让每个人组成一个更加紧密的整体，营造“团结、实干、进取、奉献”的企业文化，培养员工爱岗敬业的奉献精神，优质高效的服务意识和勤奋严谨的工作作风。同时，新区支行业务部通过强化年轻员工的培养，对员工进行绩效辅导与职业生涯规划，引导员工积极进取。另外，他们还提倡亲情式管理，关心员工日常生活，建立员工之家，重视与员工的思想交流，使员工牢固树立了新区支行是我家的主人翁意识。

新区支行业务部一直秉承“人心齐，泰山移”的信念，相信团队的力量，只有团结协作才能大有作为。2018 年，在支行行长的带动下，在全体人员的共同努力下，新区支行业务部超额完成了行内下达的任务目标，并在 2018 年度评先评优表彰大会中荣获“先进集体”称号。

在 2019 年工作会议上，行领导对各项工作提出了更新、更高的要求，而对于新的机遇与挑战，他们自觉调整思维方式，迎势而上，积极适应新的形势的变化和要求，切实履行好自己的岗位职能，勇于接受挑战和考验，满怀激情地投身于鄂温克包商村镇银行信贷事业的发展中，以实现银行各项工作持续和谐发展。

成绩仅代表过去，忆往昔，他们踌躇满志，看今天，他们意气风发，望未来，他们斗志昂扬。新区支行业务部全体员工必将肩负鄂温克包商村镇银行的使命，努力开创新辉煌。

第十三章

牧区普惠金融的基层实践：牧民故事

一、马背银行开展牧区普惠金融的方式

鄂温克旗人口总计 14.3 万，地理面积 1.9 万平方公里，每平方公里不足 8 人，在这样地广人稀的地区，金融单位在嘎查开设机构或下基层服务，都具有极高的成本和风险，导致金融机构网点在基层地区的覆盖率相对较低。

银行入驻鄂温克旗几年来，已先后开设了 5 家支行，均坐落在经济不发达的偏远乡镇，实现覆盖范围 73 个嘎查（村），受益牧民 6 万户，有效填补了当地金融服务空白。10 年累计放贷 37.9 亿元，平均单笔贷款金额 15.29 万元，最小额度仅为 1000 元。信贷业务的涉牧比例达到 92.49%，对带动当地经济的发展起到了积极的作用。为牧民提供便利的同时客观上产生了“鲶鱼效应”，给同行业带来竞争压力，促使当地所有金融机构各项存款总量从 29.82 亿元增长至 69.36 亿元，增加了 39.54 亿元，年均增长幅度达 19%。其中居民储蓄存款总量、占比不断提升；从业人员总数从 314 人增加至 648 人，增幅达 57%，年均增长人数达 55 人。其中，涉牧机构人员总数从 180 人增加至 410 人；其他金融机构人员总数从 134 人增加至 238 人。

员工在冬季那达慕上宣传银行业务

鄂温克包商村镇银行作为扎根畜牧地区的村镇银行，当地的经济环境、地区产业、贷款者信用习惯、民族风俗等多个维度决定了银行必须走出一条有别于传统商业银行的经营之路，其中之一便是要将更多的精力用于对贷款者所从事行业前景的分析，而这本身也是这样的村镇银行相对于传统商业银行的比较优势，因为村镇银行所覆盖的客户普遍集中于一个地区，有着突出的产业集群现象，故而大多数的贷款投向是一致的，同时，村镇银行对于所覆盖地区鲜明的民族特色、文化风俗有着更深入的了解，能够更好地把握贷款者的信用特征。在此基础上，“重分析，轻抵押”将逐步演变为“强分析，弱抵押”，这种新的贷款理念成为马背银行的核心竞争力。银行这样的运营模式也保证了相比于传统商业银行，它可以更精准地筛选出有发展前景的创业项目，通过提供优惠的贷款政策，扶持企业成长，从零开始培养客户。

二、“牛羊在·贷款安”——团结村奶牛养殖场

鄂温克包商村镇银行身处美丽的呼伦贝尔草原，作为世界四大草原之一，是著名的天然牧场，也是优质的奶源基地。从事奶牛养殖行业的小微企业对经营性的流动资金需求较高，但由于企业的主要资产是生产性生物资产——奶牛，无论是盘点还是估值都需要付出很大的成本，因而难以得到传统银行的认可而成为合格的抵押品。面对拥有良好发展前景，但陷入“融资难，融资贵”困境的众多企业，银行以“牛羊在·贷款安”的放贷理念，将信贷考核的重点放在了对企业当前经营和未来发展上，而不再保留对抵押品的“执念”，从而为从事养殖行业的众多小微企业提供了大量的资金支持，见证了企业一步步从小到大、从弱变强的发展历程，有力支持当地经济的同时也为自身带来了可观的利润。

员工同牧民客户一起给小羊羔喂奶

团结村是有着上百年养殖高产奶牛历史的传统村落，多年来一直为雀巢提供着优质奶源。2018 年以王村长为代表的 5 户高产奶牛养殖户在银行的整体授信额度达到了 3000 万元，同时被评选为星级借款人评选等级中的最高等级五星借款人。

而在 2010 年，这五位奶牛养殖户中只有王村长、王建忠经营着挤奶厅，边某则从事饲料销售经营，三人在当地农村信用社及银行仅有几万元的小额信贷额度，很难扩大生产规模，形成规模效应；2014 年后，王建忠等人着力形成规模化、规范化的奶牛养殖，依靠民间借贷投入建立了第一期奶牛牧场，为当地村民提供代养及挤奶服务；2016 年雀巢与奶户的合作条件变得更加严格，要求牧场主本人投资集中饲养，但当时王建忠等只能从信用社申请到最高 10 万元的贷款，为了扩大养殖规模从而达到与雀巢合作的条件，需要大量的资金投入。如果采取民间借贷，奶牛养殖这般竞争激烈的薄利行业注定无法支撑高企的利率；如果申请传统银行贷款，则需要提供房屋、厂房等来抵押，而王建忠等投资建造的厂房并没有房产证。他们在与某国有银行洽谈贷款合作的过程中，包括利率、还款方式、期限等多项条件对企业的现金流会产生巨大的压力，特别是自2014年以来国内乳业市场多项政策落地，鲜奶价格经历了较大幅度“跳水”，国内很多中小规模奶牛养殖户倒奶、杀牛现象频发，未来的经营尚存一定的不确定性。面对该村大量的资金需求，银行基于对当地经济发展及风俗文化的深入了解，秉承注重经营实质、重视现金流、轻抵押、关注还款意愿、人品等经营和软信息的评价的经营理念，并对未来鲜奶市场进行了深入的研究，以及就与雀巢合作事宜带来的利润流入及可能性进行了评估，为王建忠等人提供了还款方式灵活、期限长、利率低、以联保方式放贷的贷款条件，王建忠等人从而开始了与马背银行的合作。王建忠等5户贷款联保组成员，逐年纳入了马背银行“呼斯楞”借款人与银行共成长的计划、“特润”借款人、“星级”借款人的评价体系中，随着信用水平的提升，授信额度逐步增加，贷款利率逐步降低，从2010年的每户5万元，逐步增加至20万元、50万元、300万元，至现在的500万元的授信规模。这期间随着投资规模的扩大，户均牧场养殖面积由1500平方米扩大到7200平方米，每户养殖高产奶牛由40头增加至210头到600头不等，发展成为饲料机械式投放，拥有储草棚、青储设施、先进的挤奶设施、清粪设施、监控设施等健全的专业养殖场。同时，更为关键的是，养殖场不断扩大的经营规模也获得了更多的国家配套资金及设施支持，成为雀巢公司在当地收购奶源的重点合作对象。

在王建忠等先进户成长的过程中，形成了很好的“传、帮、带”效应，大幅提升了整村的奶牛养殖水平和信用建设，整村的贷款信用状况良好，村民积极维持信用，银行则在村民最需要资金之时及时发放贷款，并合理规划贷款偿还，银行与该村形成了良好的合作关系，目前该村在马背银行的全部贷款不良率为零。近年

首席风险官马宁在服务站进行金融知识宣讲

来，虽然经历了牛奶价格“过山车”式的大幅波动甚至断崖式的跳水，但因为团结村奶牛养殖规模逐年扩大——“牛羊在”，与银行等合作稳定，享有着便利的融资条件，从而构筑了极强的抗风险壁垒——“贷款安”。

三、塔拉微贷助力妇女创业

支持中小微企业发展，是鄂温克包商村镇银行永远不变的责任担当和使命。为解决当地小微企业融资难、融资贵的问题，填补牧区小微企业金融服务的空白，针对小微企业贷款“小、频、急”的特点，银行实行“特色、简化、高效”的服务，通过灵活掌握审贷会的召开频率和高效率的业务处理模式，充分发挥了小银行治理机制灵活、审批通道畅通、放款效率高效的优势，有效满足了鄂温克旗地区的个体工商户、小微企业主的资金需求，也帮助一些当地的小微企业走出了资金短缺的困境，并逐步走向健康、快速的发展之路。

孟某是一名退伍军人，经历过生活的艰辛，创业的不易，4年的军旅生涯使她养成了坚韧、忠诚、锲而不舍的性格。已过不惑之年的她，仍在创新、创业的路上披荆斩棘，成为了妇女创业的典范。

2009 年，孟某租用了一间 12 平方米的民房，带领几个姐妹开始从事家政服务，并创办了巾帼家政服务有限责任公司，开始了她在家政服务领域的拼搏之路。从 2014 年至 2016 年，为助力公司发展，银行连续三年每年为其发放 20 万元的流动资金贷款。正是在银行资金的持续支持下，她的公司经营规模逐年扩大。

2015 年，她通过市场竞标的方式，托管了当地大型的百货商场、神华蒙东铁路公司等 10 多家企事业单位的物业服务，公司规模逐年扩大。同年，还注册成立了呼伦贝尔温馨职业培训学校，在当地 13 个旗市区中共培训母婴护理员、育婴师、养老护理员、厨嫂、保洁员、营养师、护工等 4000 余人。2017 年，银行再次为她的公司注入 30 万元流动资金贷款。

现在孟某的公司已经拥有了 900 平方米的办公场所，职工人数达 2000 余人，连锁加盟及分公司达 11 个，在呼伦贝尔市的各旗县均有分布。同时，她还建立了自己的家政服务信息网络平台，实现了线上线下 O2O 家政服务的信息化和网络化管理，覆盖了呼伦贝尔地区 14 个旗市区的家政服务管理。几年来，她的公司不仅解决了 2000 多个困难职工的再就业问题，帮助贫困家庭实现脱贫，而且带动了当地家政行业的持续健康发展。

如今，这家公司已经成为国家幸福工程项目的重点单位，自治区“巾帼脱贫示范基地”，呼伦贝尔市巾帼家政转移就业培训基地。她本人也多次荣获自治区优秀家政服务员、自治区首届“内蒙古好人”、呼伦贝尔市“创业就业先进个人”和呼伦贝尔“最美行业女性”等荣誉称号。

4年来不仅客户的企业发展有了变化，鄂温克包商村镇银行也有了变化，真正实现了客户与银行共成长的发展目标。

四、草原的希望——诺图格幼儿园

锡尼河牧民吉日嘎拉、斯日斯格玛夫妇从日本留学归国后，一直致力于牧区教育。他们为了给孩子创造更加舒适的学习环境，决定创办锡尼河地区第一家正规幼儿园。全面评估他们的方案和计划后，马背银行在短短的三个工作日内，就将支持牧民基础教育的10万元贷款发放到了吉日嘎拉、斯日斯格玛夫妇手中，后续还为园区建设与提升师资力量再度提供了20万元贷款。现在的诺图格幼儿园窗明几净，设施齐全，当地的居民无需再担忧孩子的入园问题。目前，银行重点将诺图格幼儿园培养为诚信创业的典型示范，并为其开辟了绿色通道，降低了信贷门槛，简化了贷款手续，增加了授信额度，受到了广大牧区群众的称赞和好评。

马背银行联合书画界人士到诺图格民族幼儿园捐赠书画学习用品活动现场

第十四章

牧区普惠金融的基层实践：员工故事

银行的发展离不开每一位在岗位上默默付出的员工，十年以来，银行员工队伍已发展为人才济济的大家庭。截至 2018 年底，银行共有员工 139 人。从教育程度看，本科占 79%，专科占 17%，硕士研究生占 4%；从民族构成看，汉族占 47%，蒙古族占 34%，其他少数民族占 19%；从职位构成看，业务类占 55%，管理类占 18%，保障类占 22%。

“员工与银行共成长”是马背银行员工文化的最大特点。十年间，银行从首家进驻少数民族自治县域的村镇银行发展为有效填补边疆牧区金融服务空白、带动边疆牧区经济发展的特色“马背银行”，而其员工们也从零基础起步的年轻人成长为经验丰富、爱岗敬业的业务骨干。为实现员工与银行共成长的人才战略，银行从多方面着手落实员工培养计划：第一，搭建公平平台，通过校园招聘、管理干部竞聘上岗、后备干部储备等多种方式开辟员工职业发展通道；第二，组织多维培训，通过员工内部、外部培训、塔拉大讲堂等多种培训形式，不断开阔员工视野，提高员工“硬实力”和“软实力”技能；第三，注重员工关爱，坚持以人为本的理念，注重对员工的人文关怀。

多年来，马背银行主要通过自主培养的途径，储备了一批内部优秀人才，包括马宁、朱晶、薛小盈、房莉、毕力格套特格、杜学莉等。他们的汗水和收获，也将永远记载在马背银行的十年历史星河中。

员工在草原上进行拔河比赛

一、职业成长收获成就感

马背银行为每一位员工提供了公平公正的职业发展路径，包括校园招聘、干部竞聘、人才储备等全方位人才养成模式。

校园招聘主要是为银行源源不断地注入新鲜血液。自 2012 年起，银行招聘以校园招聘形式为主，提高招聘人员的基本素质。在招聘过程中，严格遵循公平、公正、公开的原则，为少数民族毕业生提供优先录用机会。现牧业金融部的薛小盈，2013 年毕业于内蒙古财经大学，就是通过校园招聘入职的：

> 我毕业时的理想是踏入“北上广深”这样的一线城市。但当遇见银行招聘时，被银行招聘现场的行歌、自己设计的鼠标垫、招聘简介等所吸引，并通过对马背银行的了解，放弃了到一线城市工作的想法。来到银行后，我更加深入地了解了银行的使命和社会责任，决定为自己争取更大的平台进行实战。

干部竞聘主要是充分挖掘公司内部人才、优化人力资源配置的手段。银行不断扩大竞聘选人范围，为员工提供公正的竞聘平台，同时制定能上能下的员工竞争规则，为新员工提供赶超机会，敦促老员工加快步伐跟上队伍。现总行运营管理部总经理朱晶，从一名普通的柜员做起，通过几次关键性的竞聘，成为银行核心管理层的一员：

> 我是第一批被招入行的员工。刚入行时，我是一名柜员，那时没有业务基础，既没有老员工带，也没有成型的业务操作流程，所有的业务靠几个人一起研究、测试，自己摸索着写操作流程。建行初期，柜员的工作不是特别忙，但我从未停歇过

对柜面业务的学习，因为我一心一意想成为一名称职的柜员。

经过不懈的努力，2009年6月，我从一名实习员工转成了一名正式员工，并在同月考取了银行从业资格证，真正成为银行业中的一员。虽然未给自己设立长远的目标，但我在行内柜面的小圈子里一直要求自己：业务一定是所有人中最好的，每一次内部考试成绩一定是最高的。

在入行的第二年，我从柜员岗位调到了清算中心，同时也承担着账户管理员、人民银行、银监单位的所有报表工作。那时工作量虽然不是特别大，但我几乎每天都是最后一个离开营业厅。我每天下班后都会将一天的工作全部梳理一遍，并会把当天发生的不常见的业务全部记录到本子上。随着业务知识的积累，大家有处理不了的业务，都会找我来帮忙。渐渐地，我凭借扎实的业务知识水平和能力获得了领导和同事们的认可，在柜面岗位中崭露头角。

经过行里的培养，入行第三年，我从一名普通员工跳过主管级别，成为了总行营业部的部门经理。从员工到中层这个过程，除了要将本职工作做好，还要通过学习不断提升自己，同时也要主动地去承担更多的工作。

2013年末，机会再次眷顾，我被行里任命为新成立的运营管理部总经理。如今，运营管理部已成立四年多，我也从最初只知道带着大家学业务，到现在业务、技能、服务、规避风险同时抓。我的成长得益于银行这个平台。十年的时间，我与马背银行风雨同舟、携手并进、共同成长，这段历程永远是我珍藏在心底的独特记忆。

人才储备是保证银行人才梯队持续性的有效制度。2013年，银行制定实施《后备干部暂行管理办法》，为总行和分行机构储备后备干部。同时建立行政序列和专业序列双通道管理模式，为员工提供多元化的发展通道，特别是关心少数民族员工的发展。2013 年毕业于内蒙古财经大学金融学院投资学专业的毕力格套特格就是银行人才储备的少数民族干部，他 2013 年 5 月入行，六年间从刚毕业的懵懂少年成长为三十而立的有为青年，现任巴彦库仁支行业务部经理助理，同时当选为鄂温克族鄂温克旗第十三届人大代表：

2014 年是不平凡的一年，我刚开始做业务时遇到了很多困难。首先是市场开拓欠缺，业务开展得不顺利；其次沟通能力较弱，面对各类客户难免紧张，经常出现词不达意的情况；虽然我也是蒙古族，能熟练使用蒙古语言和文字，但对呼伦贝尔地区的文化和民俗没有接触过，甚至个人生活和饮食方面也不适应……

我还记得我的第一笔业务，发生在呼伦贝尔最冷的冬季，一望无际的白雪厚厚地铺在草原上，在距离巴彦库仁支行 130 公里的毕鲁图嘎查，牧民道某正在等待我来提供金融服务。在去往客户家里的路上，我误了两次车，到达客户家里时天已经快黑了，当时我心里五味杂陈，开始质疑我做的工作，一方面害怕遇到质量差的客户无法辨别，另一方面面对着恶劣的工作环境更是苦不堪言。但当我来到客户家里时，呈现给我的是暖和整洁的俄罗斯木质房子、淳朴热情的牧民朋友，还有可爱的牛羊，这时我突然想到自己热爱草原的初心，这不仅是一份工作，更是一份理想，就这样我完成了第一笔业务，业务生涯也就此开始，道某也成为了我的诚信客户。我认识到，作为客户经理，在面对艰苦的牧区环境、复杂的客户时，必须沉下心来，走近牧民，有胆量处理各种复杂的客户矛盾，但同时具备细腻的观察力和判断能力。因此，我用“沉下心、吃得苦、胆大心细”十个字来概括客户经理的必备心态。我更将困难变成前进

巴彦库仁支行员工的博克表演

的压力和动力，保持积极的心态去迎接每一次问题，学会总结、弥补和改正。渐渐地，我适应了工作节奏和生活方式，也开始了解了自己信贷管片的市场情况，工作慢慢变得顺畅起来。

在这五年的时间里，我始终将思想态度保持端正，用心学习业务技能，不断充实和提高自己，积极参加及承担其他工作，热心服务于基层，服务于牧民客户。从2013年11月26日截至2018年12月31日，我累计放贷746笔、金额8186.40万元。我的个人业绩在支行排在第一，在全行名列前茅，现在我的收入水平大幅提高，比2014年入行初期翻了好几倍。

2017年12月，我很荣幸地当选为鄂温克族自治旗第十三届人大代表，我感到无上光荣。从这时开始，我又多了一个身份，多了一份使命。在2017年底召开的鄂温克族自治旗第十三届人代会上，我提交了关于构建牧区信用体系、改善信用环境和政府加大对村镇银行扶持力度的建议。我将积极做好人大代表的角色，发挥自己的长处，补齐自己的短板。2018年2月，我通过参加支行内部竞聘，担任了巴彦库仁支行业务部第一组组长兼业务部经理助理职务。不断的发展，感觉自己身上的担子更重了，我将不忘初心，将这些荣誉变成前进的动力。

二、能力成长培养专业性

作为银行从业人员，职业能力的专业性是为客户提供优质服务的关键。为了让员工们和银行的专业能力共同成长，银行定期组织多维培训，通过员工内部培训、外部培训、塔拉大讲堂等多种培训形式，不断开阔员工视野，提高员工技能。目前任职于企业金融部的信贷员房莉，兼任马背银行团委书记，她感恩于银行提供的学习培训机会，帮助自己从大学毕业的新人成长为优秀的银行从业人员：

> 在马背银行工作的四年多时间让我成长了很多，我最感激的是业务学习方面的拓展。从入行开始，新员工就先实行基础入行培训及军训，初步了解银行的发展史、文化、发展目标等内容；入职后，在本职岗位上还进行相关的业务培训及阶段性的考试;同时，我们还适当地进行不同业务的交叉学习，让员工对行里业务都进行学习和了解；另外，银行将相关领域的知名专家学者请到“塔拉大讲堂”做专题讲座，例如“中国小额信贷之父”杜晓山教授、社科院金融所刘煜辉教授、中国农业大学金融系何广文教授等；鄂温克包商村镇银行成立的草根金融理论研究学术社团“塔拉微金融学社”，也给员工提供了开展牧区微金融应用理论探索的宝贵学习机会……
>
> 我在不同岗位时都能获得有针对性的业务培训，入行时学习的是基础柜面业务，后来历任大堂经理服务岗、客服中心综合岗及现在的信贷岗位。对我来说，这些学习机会都是走出校园后非常宝贵的经历。感谢马背银行让我获得了专业能力的成长，从而变成了一个努力拼搏、在银行岗位上有所建树的人。

除了银行从业金融知识的“硬实力”培养，银行同样重视员工服务客户的“软实力”，并开展了独具特色的培训活动。李玉银于2014年7月进入鄂温克包商村镇银行，目前从事综合柜员的工作，2017年3月考核提升为高级柜员；2018年1月18日北河支行开业，被提升为北河支行委派会计兼营业部经理。在从业过程中，她经历了银行组织的多种多样的培训形式，并由此收获了对管理的心得：

在工作岗位上，我一直在思考应如何打造一个让客户喜欢来，又愿意办业务、存钱的银行网点？面对竞争严峻的形势，我们应该如何做才能更好地服务客户，从而在众多银行网点中脱颖而出？在营业部工作过程中我不断思索，在管理过程中对如下几方面做出了提升。

（1）柜面服务形象、窗口服务水平提升。统一柜面服饰，提高柜面服务形象，统一采购头花、领花。规范柜面工作人员“站”“坐”“行”“蹲”的标准化姿势，严格执行柜面动作标准7+7服务流程，用最温馨、最真诚、最优质的微笑来服务客户。营业部评选出柜面“服务明星”，并举行了主题为“礼由心生，态度决定一切”的礼仪培训，详细介绍柜面服务规范流程，让大家更深刻地了解服务标准化的具体表现形式，加深员工对服务理念的认知。

（2）特色专区打造。北河支行辖内中老年客户群占绝大多数。支行打造老年客户专属体验区，在专属体验区内为老年客户安置各项服务工具，如血压计，按摩器、体脂秤以及各类热茶。在等候办理业务的时候，客户可以免费测量血压，帮助客户轻松了解血压状况，为客户带来了生活便利，并为客户建立“健康管理卡”。让客户意识到，这个区域是专门为他们打造的，让他们感受到来自网点的关怀，从而吸引更多的老年客户前往网点进行体验，增加网点人气，提升网点品牌知名度，增强客户黏度。通过对老年客户健康的关注，合理规避风险，支行为全体员工进行了中老年人突发疾病紧急救护知识培训。提高了面对意外事故的处理能力。在提供优质金融服务的同时，传递了社会正能量。

（3）营业网点营销水平提升。网点营销活动在网点产能提升中占据着至关重要的地位，一场好的营销活动可以有效帮助网点吸收新客户、维护老客户、促进营销、提升产能。为提高网点的综合营销能力，创造良好的营销氛围。北河支行举办了营销技巧与语言艺术交流会，此次交流会邀请了平安保险大区经理关老师共同分享营销经验，帮助员工高效开展工作，实现网点产能最大化。

（4）心言手语，让爱在指尖传递。为了拉近了银行和特殊客户群体的距离，更好地帮助特殊人群体验优质、便捷的金融服务。支行对员工专门进行针对聋哑人办理银行业务的手语服务培训，包括日常用语及办理业务、询问等相关内容。虽然手语在平时工作中不是每天都能用到，但通过多学习、多了解，不断提升员工的整体素质水平，提升服务能力，遇到有需求的顾客，会让顾客感到更加贴心。

在当今金融竞争日趋激烈的条件下，竞争的焦点越来越集中到对客户的综合性、高品质的服务上，我们虽然是小银行，但我们有我们的服务理念和特色，在小银行感受到大温暖。在今后的工作中我会继续致力于提升网点服务质量，增强核心竞争力，强化内部管理，学习先进管理经验，有效防范金融风险，始终秉承“贴心服务，温暖相伴”的服务理念，全力打造精品银行。

三、文化成长塑造认同感

银行的每一位员工，都对“马背银行”文化有深深的认同感，这与银行以人为本关爱员工的种种措施是分不开的。银行定期组织员工参加多姿多彩的文化活动，例如员工摄影比赛、蒙文书法

员工在草原上跳民族舞

比赛、行歌比赛等，提高员工的文化修养，丰富员工的业余生活。现任首席风险官的马宁，从基层员工到高管岗位，身为员工元老的她对银行文化有极深的认同感：

我们的企业文化是包容、活泼、多样化的，马背银行不仅让我在工作专业上、管理能力上有了进步，同时在其他方面也促进了我的成长。例如，我上大学时排球打得还不错，却没有机会参加比赛；在我行，我不仅能参加旗里举办的职工排球赛，还有幸成为了我行女排的1号队员。在担任行工会副主席的时候，借助比赛的机会，我能与行工会的委员们密切地合作，增进友谊，在行工会主席褚继延的领导下推动工会工作的具体开展。在文艺方面,在领导摄影作品的鼓舞下，我自己也迈进了单反相机摄影的行列，而且行里早期宣传用的照片中有些是我的“作品”，虽然我的照片比不上专业摄影师的水平，但是能被行内采用，也是对我这个门外汉最大的鼓励了。正是借这样的机缘，行里成立了摄影小组，我也能够成为其中的一员，参加过行里举办的摄影比赛，参与本行很多关键事件新闻素材图片的提供，能够跟领导、同事学习摄影技巧，获益良多。这些不仅是个人爱好，而是能借此丰富员工的技能，收获信任与友谊。

银行党委积极发挥引领信贷创新服务三牧、引领企业文化凝聚人心、引领社会事业树立形象、引领员工培训提高素质“四个引领”作用。党建成果得到了鄂温克旗、呼伦贝尔市两级党委组织部门的肯定和认可，被确定为鄂温克旗非公企业党建先进典型。秦芳是新区支行党支部书记，她将开展支部工作和员工建设结合起来，真正提高了员工党性修养和综合素质：

> 新区党支部成立于2014年2月8日，由3名党员和6名积极分子组成。经过四年的发展，新区支部现有党员5人，积极分子4人，党员队伍不断扩大，并于2015年起连续三年获得“先进党支部”荣誉称号。
>
> 新区支部自成立之初，在行党委的正确领导下，始终认真贯彻落实党的路线方针政策和决议决定，把思想建设放在党建的首位，以党的理论贯彻和学习指导实践工作，积极开展形式多样的主题党日活动，将日常工作和党建工作有机结合，摸索出一条适合自身发展的党建之路。新区支部在每年年初制定年度学习和工作计划定期组织理论学习，并通过记录学习笔记、撰写心得体会和观看视频等方式强化学习，做到集中学习与个人自学相结合、不断更新理念，优化知识结构，提升队伍整体素质。党支部是党员管理教育的基本单位，是组织开展学习教育的基础力量。支部在加强党员思想素质提升的同时，还紧紧围绕“基础在学，关键在做”的八字方针，激活“神经末梢”，畅通“毛细血管”，广泛调动党员积极性、主动性、创造性，参加丰富多彩的主题党日活动，如户外宣传，晨跑，硬笔书法大赛，日常小红花评比等形式多样的活动，将党建工作真正做到贴近党员、贴近工作，推动每名党员都热起来、动起来。

我于2017年5月开始接手新区支部的党建工作，在接手这项工作时，压力非常大，一是没有任何党建工作经验，不知怎么做；二是担心自己做不好，压力大。也曾多次找到自己的领导说让更有能力的同事来做此项工作。领导给我的答复是放手去做，有困难可以商量解决，一直给我鼓励和党建工作的好建议，也正是在领导的帮助下支部的工作才越做越好。

还清楚地记得自己第一次组织学习时的情景，提前好几天做准备工作，一个PPT样式选好多遍，等到组织学习时就是紧张，说话语无伦次，学习结束就是一身汗。经过几次的组织学习，领导的支持鼓励，发现自己没有那么紧张了，心想只要大家学到了知识就是胜利。这也让自己认识到，万事开头难，迈出了那一步其实并没有想象的那么难。

我认为开展支部工作的重要一点是了解大家的想法和工作需求，征求大家意见，集思广益，而不是一言堂。日常工作有事忙不过来时，大家都相互帮忙。

自己在成为党支部书记后，也有很大的转变。以往的工作状态就是做好自己的本职工作，但自担任支部书记以来，想问题看问题的角度不一样了，首先需要以身作则，作出示范来，才配当支部书记，工作不能仅是自己做好，而是要带领整个团队都往更好的方向发展，借用一句广告词就是“大家好才是真的好”。其次，从支部角度出发，更多需要思考怎么做才能让党支部工作有声有色，统揽全局。总之，党支部工作不是某一个岗位的工作，应站得高，还要看得更远才行，要真正转变思维，做好支行的党建工作。

新区支部党建工作将一如既往贯彻行党委的正确领导，做到脚踏实地、贴近工作，以提升党员队伍素质为目标，积极发挥“四个引领”作用。由一言堂转变为众人讲，加大支部成员的参与度。多做积极向上、提高团队凝聚力的事情，坚持灵活多样，多搞有意义、提高员工自身素质的活动。

在这样的文化氛围培养下，员工队伍大大增强了向心力和凝聚力，并把团结的精神发挥到日常工作中去。新区支行的信贷员南吉拉玛，在加入马背银行大家庭的两年内，感受到了员工们团结协作、克难攻坚的强大合力：

从刚入银行不懂业务到现在成为一名合格的信贷员，这两年我感到进步很快，也有过很多次感动，感动于同事之间的团结——同心山成玉，协力土变金。在年会上的一首“团结就是力量”正唱出了我们员工之间的团结之心。2018年1月，新区支行的两个部门本着相互学习，体验不同工作岗位的业务，开始每日安排1名员工相互学习业务知识。通过一个月的学习，两个部门之间对彼此有了更进一步的理解，增强了两部门之间的默契度，加强了两部门之间的凝聚力，将团结落实到工作中的每一个角落。2017年，我们新区支行的清收任务很艰巨，但是大家并没有打退堂鼓，而是更加努力地工作着。有过误车溅自己一身泥巴的时候；有面对野蛮的客户，在敲门就被客户骂出来的时候；有面对凶狠的狗吓得哆嗦的时候，因逾期客户的家中经常没有人，守家的狗就会让我们逃得比什么都快;有面对圆滑客户的时候，嘴上说明天就还钱，第二天就不见踪影。当然，令我印象最深的还是2018年春节长假过完的第一周，我去锡尼河东苏木巴彦乌拉嘎查调户一组重组贷款，因大雪封路，无法正常到达客户家里，于是客户赶着雪爬犁到公路上接我调户，因风雪较大，当时穿的又少，每户距离较远，调户时长达4个多小时，晚上9点多才回到家里，到家手脚都是麻木的，脸也红红的，第二天“成功”地感冒了。就是在这样的环境下，我和我的同事们也没有任何怨言，依然奔波在调户的路上，因为我们是牧民的孩子,深知牧民的生活很不容易。我们愿意站在自己的工作岗位，为广大牧民及客户贡献自己微薄的力量。

随着银行实力的发展，网点设施建设也发生了翻天覆地的变化，不仅为前来办理业务的客户们带来了更好的体验，也为在这里挥洒汗水的员工们提供了更好的办公条件，银行成了自己的第二个“家”。伊敏支行的娜仁，从支行建立之初就在这里工作，五年时间里，她从基层一线的一名普通柜员成长为了支行的委派会计，见证了伊敏支行从小楼乔迁新址的全过程，对自己的岗位产生了深厚的感情：

初到伊敏支行，它还只是坐落在小区南侧一个偏僻独院里的自建小楼。记得开业那年，办公房因闲置多年，即使已经供暖近半年，内部依旧是一座“冻房”。六月之初，我们还都穿着羽绒服在封闭的营业厅内办理业务。实在太冷的时候，我们就打开电暖器，自备暖宝。就是在这样的办公环境里，我们走过了五载春秋，一群不到而立之年的年轻人，将最好的青春奉献给了这里。

五年的砥砺前行，五年的勤恳付出，伊敏支行终于在2018年1月24日乔迁新址。宽敞明亮的咨询大厅，布置一新的营业厅，独立办公的办公室，设备齐全的会议室，温馨舒适的职工宿舍。这每一项改变，都是支行13名同事辛勤努力的见证。成长的同时，我们也得到了行外客户与行内领导的不断支持与鼓励。每一位客户走进办公大厅，第一句话都是说“这个办公环境可真好啊”“这个大楼可敞亮多啦”“你们银行可是越办越好了”“你们的服务没的说，加之环境又这么好了，以后我们更要常来了”。行内各位领导更是对伊敏支行重视有加，组织各类有计划地调研指导及临时性的突击检查，旨在帮助伊敏支行大踏步向前，尽早在管理工作上取得实质性的改进。

五年的历程，让我真正蜕变，真正将这里当成了我的第二个“家”。我从之前只关心手边的业务，到关注行内的点滴琐事：管理支行的“财政”收支、关注支行每一件日常工作的进展；是不是需要订饮用水，管道漏水了第一时间联系维修人员，采暖用煤可否充足，水电费是否按时上缴，牌匾显示灯故障及时联系工人处理等等。

站在十年的新起点上，李晓峰行长总结多年的管理经验，提出打造核心银行骨干的重要性：

银行的发展，最重要的资产是人，包括行内的骨干业务及管理人员，也包括外部的优质客户。对于银行经营而言，人力成本是银行各项经营支出的最大项，银行经营的好坏，在很大程度上取决于人的因素。着眼于未来，我们需要进一步加强对于人才的培养，培育一批优质的管理人员和信贷人员。

四、优秀员工感言

1.此心安处，便是吾乡

为庆祝建行十周年，培养员工爱读书、好读书的习惯，行团委开展“浸润书香、点亮人生”“悦读”演讲比赛，此篇为行政事务部周玲玲的演讲稿——《此心安处，便是吾乡》。

2018年6月，我离开校园，告别了学生身份，成为了马背银行的一员。入行以来，有很多感悟，现与大家分享在马背银行的成长经历和收获。

入行之初，我还是一名实习员工的时候，在一次接待活动中有幸结识了张西平老师，当他得知我是刚毕业参加工作的情况后，向我分享了许多人生感悟和宝贵经验，并且为我题了“此心安处，便是吾乡”这几个字赠送给我，说：“希望周玲玲小朋友早点找到一种安心的归属感，在这里找到奋斗的目标，把马背银行当成自己的家。”当时的我感激地说：“嗯嗯，我知道了，张老师。”但是我却没有再深入地思考他这话的真正含义，只是当时的场景至今仍历历在目。

在刚结束的2018年度工作的评先评优中，我被评为进步最快的员工，当时站在领奖台上的我有点忐忑甚至有些紧张；我，一个新入职的员工，来单位仅仅半年的时间，行里就给予了我这份肯定，这对于我来说是一份惊喜也是一种激励。之所以取得这样的成绩，我认为这得益于领导悉心的培养和各位同事无私的帮助。在这里，我对大家一直以来的辛苦付出表达我最崇高的敬意和最真挚的感谢！

为拥有一个持久良好的工作和美好的明天，我们必须努力奉献自己的每一份光和热。2019年马背银行十周岁，“她”还很年轻，但是银行已经取得了很多的成就，在未来的发展中也面临着更多的挑战，我们每个人也同样如此，只有慢慢经历，慢慢磨练，才能取得长足的进步。个人的成长与银行的成长可以说是同步的，我们需要行里提供发展的空间和成长的舞台，行里也同样需要我们奉献智慧，通力合作，这样我们才能离“百年老店”更进一步，成长为银行领域内的常青树。

性格大大咧咧、粗心的我，其实与行政的工作的要求还差得很多。在别人眼中，行政就是坐在办公室敲敲键盘、翻翻报纸，在我没接触到这一切之前，也曾这样认为。但其实不然，库管、食堂帮厨、宿舍管理员、采购员、物业员、搬运工等等，行政可谓扮演着许许多多的角色；行政工作很杂很琐碎，行里大大小小的事情几乎都可以与其挂钩。作为门外汉的我，几个月工作以来，在领导和同事的帮助下，尽自己最大的努力去做好每一件事，并把每一项工作都当成是对自己的一次锻炼和学习。除了这些工作外，建立办公用品管理制度，做好食堂的整改工作，征集库房的管理建议和措施，积极参与到每一项需要我的工作和活动中；从内银协、中银协到大大小小的接待高峰，甚至每年一度的工作会议，很多工作也许不曾有人要求我去做，但是我觉得这样做不仅能够帮助到周围的同事，也能让我得以成长，让身边的人感受到“马背银行”这个大家庭的温暖。我从没有想过这些付出会不会得到回报，只要能够让身边的“马背银行人”快乐，我的付出能够被认可和接受，就是值得的。

在工作中我曾有不安和难过，但也有感动和幸福。我的不安来自于担心大家可能对食堂饭菜不满意，对我们提供的服务达不到预期的效果，不能满足大家的要求；我的难过来自于成长较慢，离领导的工作要求还有很大的差距，还不够优秀的自己总是犯错；我的感动来自于会议结束后大家习惯性地把椅子放回原位，用完餐后，自觉将餐具摆放整齐；我的幸福来自于每一次举办活动后，大家统一收拾用品，一起欢笑着完成后续工作简单而单纯的快乐；我的成就感来自于每一次为大家解决问题后，大家的一声真诚的感谢和微笑；我的动力来自于大家的支持和陪伴；我的坚持来自于每一次失败和犯错后各位领导的鼓励。这一切的一切，是我作为一个新员工切切实实感受到的。因此,我感谢马背银行这个大家庭,让我在工作中学会坚持，也让我逐步成长，是马背银行让我懂得了只要认认真真的付出，就一定会得到意想不到的收获。

是马背银行的文化氛围，领导的民主科学管理，同事之间的真心帮助，让我觉得选择了在“马背银行”工作，就是选择了一片广阔的天地。入行以来，一路走来，一路收获，马背银行是我成长的动力，我也把它当成了自己的“饭碗”。大锅里有饭，我的碗里才有可能装满；大河里有水，小渠才不会干涸;企业兴旺,员工才能受益。如今的我才深刻的感受到“此心安处，便是吾乡”这几个字的含义。以行为荣，以行为家，让我们以真挚的情感，和马背银行共同见证彼此的成长，共创辉煌！最后，我想对马背银行说：“我愿意做一块砖，哪里有需要就往哪里搬。”

2.脚踏实地　仰望星空

董事会办公室高阳在《脚踏实地　仰望星空》一文中谈到自己的工作体会：

仰望,繁星闪烁就像理想,我们不难找到属于自己的那颗;低头,却发现长路漫漫,困难重重。理想要仰望星空,让其高远;理想,更要脚踏实地,使之现实。读了尼克胡哲的《人生不设限》之后,被主人公在困境中的乐观与努力所感动,即使没有四肢,面对生活的无力感,可心中总是还有梦想,一步一步脚踏实地,终会实现，这也让我有了很多感悟。

时光流逝，转眼间步入工作岗位已有小一年了，我从刚毕业时对未来感到迷茫、恐惧，到现在渐渐的清晰，从象牙塔的学生时代步入社会生活，步入工作岗位，理想也就完成了它从幻想到现实的漫长蜕变，不再遥不可及。董办工作的一年给我带来了很多积极的改变。

这一年，我学会了深入思考。以前看电视综艺的时候，看春晚的时候，只是单纯的看节目搞不搞笑，好不好看。在工作中协助、承办了一些活动后，每次看到一些年会等活动，总是在找这个活动哪里是亮点，活动中那个创新点特别好，活动背景是怎么做的，活动过程中哪个流程比较好，下次我们能不能这样做，一步一步地深入思考，脚踏实地地做好每一个流程，在每一次不成熟中积累经验，希望把活动做到每一个人都满意。

这一年，我感受到了情怀与关怀。毕业没有像我想象的那样绚烂，没有朋友的陪伴，没有家人的关怀，内心是迷茫与恐惧的，其实来到这里应该说是机缘巧合，我从没想过我会坚持这么久，之所以走到现在，正是因为我在这里收获了温暖与未来，每次节假日行里为不回家的人准备的食物，郊游，每次工作的安排与谈话，我感受到了同事间的互相关心，同时也收获了友情。

这一年，我知道了坚持就是胜利。你总是能听见一些人说："你每天背上十个单词，你的英语一定不差，你每天坚持运动，你一定不会胖。"是啊，我们都知道坚持的力量，可有些时候我们就是做不到，看着行里人的状态我总是能想起高考的时候。有人说：没有经历高考的人生是空虚的，因为你没有拼搏过，没有坚持过，没有秉烛夜读，没有闻鸡起舞，没有对考试的从容感，没有对知识点倒背如流的自信感，你找不到课堂上的活跃感。正因为看到行里人的积极面貌，看到信贷员面对贷款客户每个人都有自己不同的方法想法，才能维护与发展好自己的客户，而我也想找回高考课堂上的自信感，与坚持不懈的精神。

这一年，我明白了所有的成功都来之不易。夏季是行里后勤工作最忙的时候，内银协会议前后每天都在加班，临近会议的那几天从会场回来已是凌晨，会后整理资料，听录音打文字，时清晰时不清晰的录音会让你抓狂，所以我也有抱怨工作好累、吐槽薪水太低的时候，总感觉别人的工作轻松挣钱又多的时候。我发现我错了，每个人的职位与薪酬都不是轻轻松松得来的，你所做的这些，别人也做过，可能比你做的更多付出的更多，每个人的工作性质不同，一定经历过基层的苦，才能有我们所看见的成就与收获。

爱因斯坦曾说过："成功＝艰苦劳动＋正确的方法＋少说空话"。这就是在告诫我们，做任何事都要有所付出，都要身体力行脚踏实地，只有这样才能实现我们个人的价值和理想。

青春正是奋斗的季节，当你脚踏实地，梦想还会远吗？

3.做一名合格的管理岗位员工

马背银行发布的"2018年荣誉榜单""爱岗敬业奖"获得者、审计部员工董晓萌在《做一名合格的管理岗位员工》一文中谈到自己的成长：

如何做一名合格的管理岗位员工是我一直以来常在思考的问题，尤其是在年度中层及以下管理岗位员工考核通知的下发后，每位参加考核的同事或许都会总结过去的一年，自己是否是一名合格的管理岗位员工。以下是我结合平时所想及本年度考核指导思想，认为要想做名合格的管理岗位员工应具备的几点要求。

一、好的心态

管理岗位员工，首先是有一个好的心态，好的心态可以引导我们正确地开展工作。什么是好的心态？其实心态在不同的场合有不同的要求，在求学的时候我们要有“空杯的心态”；在得意之时我们要有“谦虚的心态”；而在我们工作之中就要有“高度负责的心态”。作为银行员工，首先要有平和、积极向上的心态，工作中不要太心急。有时会看到这样案例，不仔细考虑由目前的状态通达目标有多远，就立个高大上的目标，头脑一热，一拥而上，一开始是热情高涨，但没多久就发现事情远远没有想象的那样简单，要取得预期的效果竟然还有那么多无法立竿见影的工作，需要耗费大量的时间精力，一想到这里，工作的热情将会迅速下降，同泄了气的皮球一样没了底气，往往工作有头无尾，浪费自己与他人的时间。

二、责任心

狄更斯说过：“这是一个最好的时代，也是一个最坏的时代。”众人若以责为先，则国兴矣，若以己为先，则国亡矣。我们处在不同的岗位都要有责任心，即是配合其他部门的工作要积极做，自己的工作认真做，困难的工作坚持做，违规的工作不能做，竭力履行自己的义务，将会知道自己到底有多大价值，同时我们要对结果负责，恪尽职守，敢于担当，遇事不要推诿，这样才能更好地履职尽责。因此任何时候都不能忘记身上肩负的责任！

三、服从

都说：服从是军人的天职！那么我要说：服从是一种美德！团队犹如机器，员工就是机器里的一颗零件，要服从整个机器的运转。任何一个团队，如果没有严格的规章制度和严明的纪律，就如同一盘散沙；“没有规矩不成方圆”，如果没有服从，团队将会溃不成军，何谈竞争与生存？作为员工要服从我行的战略安排、工作要求，这是一种应有的态度，但服从不等于盲从，对不恰当、不合理的工作要交流意见，共同改进和提高。

四、学习

世事沧海桑田，知识日新月异，在这样的高速发展的时空背景下，要想胜任工作，就要用与时俱进的眼光去提高工作能力，学习的必要性、紧迫性越来越突出。工作能力的提高，没有任何捷径可走，只有靠长期积累，刻苦学习。我们要善于学习，不断掌握新知识，开拓创新工作局面，提高办事效率，改进工作作风。尤其作为管理岗位员工，在加强专业知识学习的同时更应该积极学习了解现行监管政策及相关的外部规定，及时向相应条线传达相关政策，同时修订与外部规矩相悖的管理规定，使内部管理具有合法合规性，与外部规矩相抵触，与法律法规、监管规定相矛盾的内部规定是无效的，要将外部规矩本地化、落地化。

五、创新

办公室很多工作都是常规性的，有的甚至数十月如一日。但是，常规不代表墨守成规，总认为以前如何做，现在继续这样做。哈佛大学校长普西曾说："一个人是否具有创造力，是一流人才和三流人才的分水岭。"要想干好管理岗位工作，就不能墨守成规，应主动去结合实际，在实践中探索工作新方法、新思路，就是要勤于思考、善于琢磨，多角度思考问题，多路径解决问题，要有股钻劲，哪怕是一些奇思妙想也无妨，好的可以大胆实践，不好的也会有所启发。同时工作中要敢于借鉴其他机构的一些措施，结合我行实际，实现创新和突破。

六、精细

"精细"是指工作中做细，求精，追求最佳、最优。每一项工作都要求我们投入精力，严谨细致，否则就很难做好。如果不细心，出了一些小失误、小差错在常人看来不起眼，最后可能就会酿成大事故。解决之道，唯有细心认真，就要对工作的每个环节都能把握，在思考上精益求精，行动上细致入微，养成严谨的作风。做精细并不是四面开花，全无边际，管理岗位员工要查找所负责条线管理薄弱的环节与方面，有选择、有针对性、有重点地实施。如果是职责划分问题就从明晰职责入手，是制度问题就从完善制度入手。任何一个岗位都要有工匠精神，注重细节、专心致志、精益求精、创造完美。

什么是不简单，把每一件简单的事情做好，就是不简单；什么是不平凡，能把每一件平凡的事情做好，这就是不平凡！作为员工，工作中要重心态、重责任、重服从、重学习、重创新，重精细，专注地做好每一件事，爱岗敬业，力求最佳。

4.营业部管理之我见

以下为银行发布的“2018年荣誉榜单”上，优秀管理干部奖获得者，总行营业部总经理贾琼的文章——《做一名合格的管理岗位员工》。

2009年4月10日银行成立，至今总行营业部经历了3任部门经理，在总行营业部经过学习锻炼的员工达数十人。其中，一部分从总行营业部走出去的员工已在银行重要岗位工作，本人也是其中一员。入行以来，我从柜员、主管、经理助理一步步走上总经理岗位，通过向前两任部门经理的学习和我自身的努力，我在工作中得到了一些感悟和体会，在此与大家分享！

一、严抓管理

总行营业部员工除了执行一般性行为规范外，我们还特别制定了部门内部员工行为守则，例如：我们有严格的考勤制度，规定夏季到岗时间为早7点50分，冬季到岗时间为早8点，柜员间不允许串班休息；规定女员工必须淡妆上岗，不得漂染异色头发，不得佩戴夸张饰品，不得涂亮颜色指甲油；规定员工禁止将任何与工作无关物品带入营业厅内，以及大堂处（如手机、食品、饮料、其他个人用品等）；要求员工每日工作结束后，清扫工作场所卫生，保持办公台各类办公用具、登记簿、凭证摆放整齐，将桌椅、柜面、地面、门窗、设备打扫干净，使工作环境符合银行企业形象。我们的窗口配备双语柜员，大堂经理实行站立式服务，统一着民族服装上岗。每月度组织召开部门月度总结会，对当月工作存在的问题进行总结梳理，并对次月工作提出要求，留存内部会议记录归档。

二、严抓考核设定积分制

总行营业部为强化各项规章制度的执行，强化内部管理，维护正常的经营管理秩序，本着绝不能存在以感情代替制度，以相互信任代替约束监督的原则，坚决做到令行禁止。我们通过积分评定，来对员工的综合能力和日常表现进行全方位量化考核，进而把福利、待遇、晋升与积分挂钩，达到激励员工、调动员工积极性的目的。总行营业部特制定内部《临柜人员、大堂经理正向、负向积分管理办法》。制度至今已执行了6年，包括董事长在内的许多行领导对积分制提出了很多宝贵的意见及建议，我们也在逐年完善这项制度，并在工作中运用。

我们制定的积分制包括业务知识、技能、实操等共计12个大项37个小项考核内容，正向积分不设上线，负向积分设定警戒红线，每个年度积分奖惩执行完毕后自动清零。正向积分的实施种类包括经济奖励、优先推荐年终评优评先。负向积分的处理种类包括经济处罚、纪律处分、中心内部通报、待岗学习、上交人力资源管理中心。正向积分与负向积分不能相互抵消，对全年负向积分达到警戒红线以上的员工，进行内部待岗培训，培训经考核合格后才能重新上岗。

三、严把培训关

（1）部门制定详尽的《内部员工专项培训方向定位方案》，以提高员工开发与制作教材的综合能力。部门延续每日利用晨会时间进行学习的传统，组织学习柜面业务各项制度、业务操作流程及相关业务规定，将整体学习内容作为月度业务测试的重点。

（2）充分发挥孵化器作用，从员工培训基地设立以来，总行营业部受行领导重托，为全行营业条线积极培养业务人才，制定整套实习员工培训方案。依照方案制定培训课程，并进行授课、讲解、测试，将课堂培训与实操培训相结合，严抓培训质量，使员工全面掌握各项业务的流程，达到独立上岗的能力。

四、引导员工思想行为

杰克·霍吉说："思想决定行为，行为决定习惯，习惯决定性格，性格决定命运"。在日常工作和学习中，我们注重从多方面、多角度培养员工的爱岗敬业态度和积极向上的品格。例如：我们参与、组织各种形式的宣传活动，不是简单地为了参与而参与，为了宣传而宣传。在参与和组织宣传活动时，我们不仅要达到活动宣传的目的，提升马背银行在区域内的良好形象，也要在宣传活动中，培养员工团结一心，齐心协力的精神。当员工遇到困难时，共同帮助解决，让员工感受到归属感。

五、坚持

管理工作，要常抓不懈，贵在坚持。不能中途停顿，有始无终。作为一名管理者，要以身作则、率先垂范，带动员工养成良好的工作习惯。正所谓，不积累一步半步的距离，就无法达到千里之远的地方，不积累细小的流水，就不能汇聚成江河大海。

我理解的，合规管理不仅是银行防控风险的重点，更是我们马背银行生存与发展的根基。合规不是一日之功，违规却可能是一念之差。管理工作中，重要的一环，就是“零差错”，要重视员工合规意识的培养和职业道德的教育，让合规的观念和意识渗透到每个员工的血液中，渗透到每个岗位和每个业务操作环节中，这是需要我们长期秉承的工作理念。

十年间，银行不断探索适合牧区普惠金融的基层实践，可谓是“摸着石头过河”。之所以能收获成功的创新经验，离不开管理层高瞻远瞩的眼光和敢于实践的魄力，也离不开每一位具有主人翁意识的员工在基层岗位上积极主动的尝试。他们在这里收获职业成长的成就感、能力成长的专业性和文化成长的认同感，他们的心也在不知不觉间与银行紧紧地连在了一起。正是这样一群可爱的人齐心协力，去努力，去碰伤，去受挫，去战胜，去成功，去获得荣誉。也正是拥有了那不安于现状、不甘于平庸的心，这群可爱的人才能和马背银行共成长，在勇于进取的奋斗中奏响马背银行壮美的乐章。

部分中高级管理人员在呼和浩特大青山团建活动合影

第十五章

金融家的成长：从优秀银行到卓越银行

一、格局、愿力、远见：草原金融家的大爱情怀

由求学经历讲到人生转折的机遇，由银行初创的艰辛摸索谈及银行定位转型的时代抉择，由银行的精神文化聊到牧区村镇银行的战略愿景……在与我们的交谈中，郭建荣董事长一以贯之的沉稳严谨之中，却始终涌动着对于这份事业的热忱与执着；坚毅而温暖的目光中透露着的是这位草原金融家的大爱情怀。

出生于20世纪60年代的郭建荣，在恢复高考之初，便进入了当时内蒙古的一所银行中专学校求学，开始了他此生与银行、与金融的“不解情缘”。郭建荣的金融职业生涯始于1981年。中专毕业的他被分配到中国金融体系的最基层——中国人民银行包头市中心支行下设矿区办事处的一个储蓄所当会计（比现在的柜员多了内部账务核算工作）。彼时的中国人民银行具有“双重性质”：既是国家管理金融事业的行政机关，掌管国家货币发行权力，又是办理公众储蓄、信贷、结算业务的金融企业，垄断了县城及以上的全部国内金融业务（部分县以下的公社有农村信用社，但是接受中国人民银行领导和管理）。他所在的这个机构离城区超过50公里，在一个位于山沟里的国营煤矿职工生活区，服务对象除了煤矿职工和家属以外，还有为矿区配套的医院、学校、影剧院（当时叫职工俱乐部）、邮局、国营或集体所有制的粮站、餐馆（当时叫食堂）、百货商店、副食品商店、蔬菜、土产门市等单位一样一个，个体经济就是一家理发店和一个摆在邮局门口的修鞋摊。网点业务不多且集中在煤矿发薪日后几天。领到薪水的矿工有三件大事，喝酒庆祝平安、到邮局给家人寄钱尽孝和银行储蓄（当时叫支援国家建设）。由于当时国家实行严格的现金管理制度，三件事的脉络都能在银行业务收支中清晰反映出来，这也是银行对国民经济的“血液”作用和“晴雨表”功能的体现。当时网点全部

存款仅有20万元左右，单笔存款上百元就算大额。工作环境相当简单，一间五十平方米左右的平房建筑分三部分，柜台外的客户等候区（没有栅栏隔离更没有防弹玻璃）、柜面操作区、金库（其实只是一个铁质保险柜）兼宿舍。白天在营业厅坐柜台处理业务，晚上“握枪”（当时配备一支步枪且有数发子弹）守金库。除了捆钞有简单的辅助机械外，全部业务都由手工操作完成，唯一的电子设备是电子计算器，全部员工只有四人。

不甘平庸的郭建荣两年以后参加成人高考，读了当时如火如荼的广播电视大学，继续学习金融专业。通过三年系统学习深造，使他认识到金融行业实施全面改革、打破垄断局面、建立与市场经济相适应的金融机制、解决旧有体制金融服务效率低、供给不足的迫切性。他毕业论文题目是《论银行垄断经营之弊端》。1986年，他进入剥离工商信贷及储蓄业务、专门行使中央银行职能的中国人民银行包头分行工作，先后从事调查研究、货币信贷和金融政策管理等工作。由于他的勤奋好学和不懈努力，很快得到领导赏识，于20世纪80年代末期即被提拔担任地市级央行主要业务部门中层领导职务，掌管自治区内经济总量最大城市中央银行货币信贷主要政策手段和市场工具的操作应用。随着中国金融改革的推进，具有鲜明市场化特征的新型银行机构陆续诞生。渴求创新、变化的郭建荣毅然放弃央行主要业务部门的“铁饭碗”，于1994年初夏投身一家正在筹建中的股份制商业银行区域性分支机构，吸引他的是这家银行的经营思想、理念和机制，在这个机构工作又是将近10年，先后从事过信贷、综合计划、资金组织、机构管理等业务工作。21世纪初，他受聘担任一家全国性股份制商业银行的监事职务，有机会目睹中国金融行业进入资本市场、引入外资、与国际接轨以及中国特色商业银行公司治理模式的形成等行业发展的关键节点和重大过程，使他的格局、眼界发生了至关重要的变化。

2008年末，包商银行在内蒙古呼伦贝尔市鄂温克族自治旗发起设立村镇银行，定名为鄂温克旗包商村镇银行（后更现名）。郭建荣以包商银行业务创新部门负责人身份兼职出任董事长，其时鄂温克包商村镇银行的注册资本为500万元，正式员工13人。接手创建这家村镇银行的任务后，郭建荣凭借自己曾经多年央行、商业银行的工作经验，开始思考这家为履行社会责任而生的边少地区的村镇银行的出路和发展问题。由于呼伦贝尔市城市商业银行处于空白，他曾一度希望鄂温克包商村镇银行能在该领域有所作为、有所推进，但是现实很快给出了不可行的答案。

面对辽远的青青草原、望着那一抹醉人的斜阳，郭建荣董事长再次陷入沉思。鄂温克包商村镇银行就如同尚在襁褓中等待哺育的婴孩，它既可以在一杯香甜的马奶酒中茁壮成长，也可能会在一场暴风雨中早早夭亡。带着发起行领导的重托，看到员工对未来美好前程的期盼，看到牧区群众对方便快捷的现代金融服务的渴求，使他对鄂温克包商村镇银行所肩负的历史使命有了渐行渐深的认识。只有依托于自身的优势，针对当地金融市场和经济社会的特点，找准定位，贴合市场需求，才能有光明的未来。他也关注到，伴随着金融体制改革的深化与金融市场的纵深发展，一些追求眼前功利的传统涉农金融机构脱离了“农”之根本，纷纷“放下锄头穿上西装”“弃农而进城”。这种情况不仅广大农业地区存在，牧区也不例外。于是他认识到，村镇银行既然进军城市金融市场存在资本实力、人才技术和管理水平等方面的先天不足，为何不能逆势而为，让自身的业务下沉，取别人不为而为之，做细做精做透牧区金融市场？这也许是鄂温克包商村镇银行的一条光明大道。

想法通过深耕实践才能变为现实。郭建荣董事长带领全体员工不断深化对银行文化的理解和思考，探索属于鄂温克包商村镇银行自己的企业精神。终于，在2012年，鄂温克包商村镇银行正式将自己的经营定位凝结为四个字："马背银行"。做"马背银行"，一方面意味着鄂温克包商村镇银行所面对的客户群体多来自于"马背民族"——蒙古族和鄂温克等牧区各族群众，其业务主要立足于牧区；另一方面，也象征着其团队文化如同骏马驰骋于草原，勇于开拓、勇于进取。与此同时，"马背银行"的定位，从根本上决定了鄂温克包商村镇银行特殊的经营理念与经营模式。比如：牧民养牛、养羊的周期不同于传统农作物一年一收或一年两收的生长周期，牛羊的成长周期至少为3~5年，若沿用以往的短期存贷模式，年初发放贷款，年中或年末即收回贷款，那么对于牧民和当地畜牧业的发展将是极为不利的。经过深入了解与调研，郭建荣提出"牛羊在贷款安"牧区信贷新理念，推行"呼斯楞"（蒙古语"希望"）客户、员工与银行共成长计划，带领员工开发独具特色的金融产品，从而创造了从"吉祥三宝"到"塔拉四宝"，从"第一牧贷"到"塔拉"金融的一系列具有鲜明民族特色的金融服务品牌。"塔拉微贷"产品和模式开创了呼伦贝尔金融行业的先河。草原牧民客户在语言、文化、生活习惯等方面与汉族存在着很大差异，为了能与客户拉近关系，彼此了解，鄂温克包商村镇银行注重培养少数民族人才，郭建荣董事长倡议成立员工学术团体"塔拉微金融学社""马背银行蒙古文书法协会"，主持创建了"塔拉大讲堂"、组建读书小组、蒙古文书法课堂、塔拉小舞台等组织。郭建荣董事长对于营造一种特殊的马背银行文化倾注了非常多的心力，十年的努力已经使马背银行在业界有了很高的声誉，获得了较大的品牌效应。正是由于郭建荣董事长高瞻远瞩又十分接地气的"谋篇布局"，以及银行创建以来始终坚守的全体员工的齐心协力，才有了鄂温克包商村镇银行硕果累累的今天。

郭建荣经常操心的两件事，一是战略和谋划，二是人才培养。他一方面积极鼓励银行员工走出去，学习借鉴外部经验和成果，将国内外知名甚至顶级专家学者和团队引到鄂温克包商村镇银行来，以最为谦逊的姿态“取人之长，补己之短”；另一方面实施积极的人才政策，大胆培养年轻干部和具有本土优势的少数民族人才。目前借调到中国银监会农村银行部工作的李倩硕士毕业于北京交通大学，属于2008年包商银行批量招聘的优秀人才。来到马背银行以后，依托自身才能和资源积极拓展银行与外部的联系，陆续为银行打通和建立了中国小额信贷联盟、中银协、国务院发展研究中心、北京大学等机构及大量专家学者的渠道关系，使边疆少小的“马背银行”接轨时代前沿。银行现任副行长褚继延原本在经济社会条件相对更好更优越的赤峰市工作，为了共同的理想和追求，举家迁移至呼伦贝尔。行长助理贾逢英、首席风险官马宁以及一大批中层干部，几乎都是一步一个脚印地同马背银行的发展而同步成长起来的年轻管理人才。

宝剑锋从磨砺出，梅花香自苦寒来。当问及鄂温克包商村镇银行发展至今，是否也遇到过困难时，郭建荣坦然相对：“困难肯定是有的，而且在这期间主要是困难，来自于各方面的困难”。从自然方面讲，呼伦贝尔牧区2015~2017年经历了百年未见的旱灾，草场直接影响着牧民牛羊的出栏率以及牧民客户的还款质量。与此同时，这三年也恰恰需要面对多变的国际贸易环境、下行的宏观经济增长周期，牧区牧民收益的不稳定性与银行业绩的波动紧密相关。从监管政策层面看，虽然发展村镇银行是银保监会、央行始终鼓励支持的方向，但由于尚未形成针对不同区域的村镇银行的差异化监管体系，导致鄂温克包商村镇银行这样的地处边疆、少数民族聚居、经济发展水平相对落后地区的村镇银行难以获得理想的政策支持。然而，这一切都未打垮每一位“马背银行”的实践者和追梦人，他们深信："只要信念还在、责任还在，办法总比困难多。"

谈及"马背银行"未来的发展，作为银行灵魂人物的郭建荣坦言："我在金融部门工作了一辈子，在我职业生涯的后期，我想追求一点高层面的、对社会有积极作用的东西。那就是，我想要在鄂温克包商村镇银行建立一种'集体的人格'。无论让员工还是我们的客户，都能对'马背银行'有认同感与归属感；就像我们成立的'都兰·乌若'，真正成为牧民客户'温暖的家'。更希望深耕于这片土地，为金融从业者往往因环境艰苦、盈利贫乏而遗忘的边疆牧区做些应有的贡献。"过去的两年，马背银行成功完成经营层领导更替，目前的经营层年富力强，知识、眼界和活力都具有优势。只要方向正确、目标清晰、机制合理、授权充分，全新面貌的经营层领导必将引领马背银行跃上新的台阶。

他还希望，未来五年，在"马背银行"的定位、发展方向、文化建设方向不变的前提下，将其业务范围扩大到呼伦贝尔市的其他地区，特别是额尔古纳、根河那些金融服务覆盖不足的地区，不断拓展马背银行的服务范围，为更多的牧区朋友提供完善的金融服务。

2009 年至 2019 年，十年的时间对于一个时代的发展，如同白驹过隙、倏忽而逝；而对于一个地处边疆的村镇银行和郭建荣董事长而言，却是极为宝贵的创业奠基的十年。十年来，郭建荣和他的团队倾注了外人无法完全了解的心血与感情。办好"马背银行"，建设"牧区金融第一品牌"，这是一个草原金融家的执着梦想，更是这个团队坚守的使命。如果要将"马背银行"的成功或是郭建荣的成功做一个概括，那就是"深耕细作的工匠精神，与时代同呼吸共命运的大局意识，积极尝试、不畏失败的责任担当，服务牧区、回报社会的大爱情怀"。

二、正直、求索、持恒：草原银行家成长记

鄂温克包商村镇银行成立的 10 年之中，培养了许多优秀的管理者以及员工，他们有些来自鄂温克当地，有些来自呼伦贝尔、内蒙古自治区其他地区，有些甚至来自北京等发达地区。他们的背景各不相同，但是他们身上都有一股相同的气质，都有一种相同的精神，那就是在与鄂温克包商村镇银行 10 年风雨同行的磨砺中，养成的“马背文化”“马背精神”。

李倩是参与鄂温克包商村镇银行最初筹建工作的“元老”之一。当时她与郭建荣在包商银行创新部共事，办公地在北京。2009 年鄂温克包商村镇银行筹建的过程中，经由郭建荣董事长推荐，李倩参与到了烦琐而又激动人心的筹建工作当中。谈起银行筹建之初的历历往事，李倩副行长仍是记忆犹新。当时接受组织安排时，李倩没有太多犹豫，怀着对能够参与到一家新银行的孕育、诞生的欣喜和向往，凭着一股能够开创一番新事业的热情，她全神贯注地投入到鄂温克包商村镇银行的筹建过程中，至今已经走过十个年头。她在银行的职务由最初的行政事务部总经理到行长助理、副行长。2015 年，马背银行被推选为中银协村镇银行工作委员会副主任单位，她随即被派驻至中银协村银委任办公室专职副主任，2017 年 5 月，她被借调至中国银监会农村金融部（现更名为中国银保监会农村银行部）工作，2017 年 5 月担任鄂温克包商村镇银行董事、董事会秘书。

银行初创，全行共计 13 名员工，没人有创办银行的经验，甚至有些员工银行工作经验为零；作为鄂温克的第一家村镇银行，没有成熟的模式可以学习与借鉴，牧区的基础金融建设也相对薄弱。银行成立后，有一段时间一直被当地百姓当成私人银行。牧民仍旧保持传统的生活生产习俗，没有去银行存贷的习惯，甚至连贷款和补贴也分不清楚。但是这些困难都没有打消李倩的热情，反而更加激发了她的斗志，一切都是从零开始，从零一点点地积累，一点点地解决。没有行服，大家就一起设计，找人制作；没有制式合同，就借鉴包商银行合同，根据银行的业务慢慢改；没有客户，就自己到各个苏木、各个嘎查去宣讲，去努力挖掘客户。这一切的艰难困苦，锤炼了银行初创时期的成员，奠定了“马背文化”的基调，同时也培养塑造了李倩坚韧不拔的品格。

在银行的初创时期，作为一家村镇银行，鄂温克包商村镇银行就和众多的村镇银行一样，受限于规模，人员不足，很多员工和管理者都是身兼数职，既是银行的管理者也是业务员，在时任行长汪海峰的指导和帮助下，很多信贷业务都是她带着员工亲自到牧区与牧民客户去谈。在这个过程中，她不仅通过自己的实际工作，更加深入地了解了信贷业务流程和问题，也切身感受到了牧区客户金融知识的贫乏，牧区客户缺乏贷款抵押物的现状。这一方面坚定了李倩等马背银行早期创建者们不能坐等客户、要主动向牧区客户宣传金融知识、积极走近客户开发客户的决心，另一方面也让银行找到了自己的使命与未来发展的方向——更多承担起为牧区人民谋福利的社会责任；更加强调银行与客户的共同发展；比起抵押物，贷款审批更加看重贷款人的品质；比起短期利润，更加看重银行的长远发展。同时，也正是这种与客户面对面的接触，培养了李倩的亲和力，也将一种不同于制度文化的温情的柔性文化引入到了“马背文化”当中去。

作为一名管理者，在银行的日常运营中，一定会遇到数不清的困难和挫折，失落和困惑在所难免，对于如何能够保持对工作的热情以及激励自己不断进步，每位管理者可能都有自己不同的答案，而属于李倩的答案就是——“马背文化”的力量和感染力。

什么是“马背文化”？李倩认为作为一家村镇银行，受限于其规模以及扁平化的管理层级，比起大型银行规范化的制度文化带来的约束力，领导者的领袖魅力对于小型银行的文化塑造起着决定性的作用，是银行文化的底色。而对于鄂温克包商村镇银行来讲，就是郭建荣董事长这种堂堂正正、雷厉风行的人格魅力组成了“马背文化”最为核心的部分——正直。而恰是这种正直奠定了“马背文化”的基调。其身正不令而行，就是因为有郭建荣董事长这种正直的力量，才形成了银行遇事讲制度，行事讲规范，风清气正的工作环境。而这种正直的力量，这种领导者率先垂范的带头作用，是十分具有集体感染力的，大家在这种氛围下工作不会感觉苦，不会感觉累，不会觉得受到了不公平的待遇，人人都充满了积极乐观的情绪，都拥有事业心和奉献精神，而也正是这种“马背文化”“马背精神”激励着李行长不断奋斗。

回顾鄂温克包商村镇银行这10年的时光，李倩认为自己能够取得如此的工作成绩，与在银行工作过程中获得的三点体会有着密不可分的联系。

一是管理者要有正直的品格。这种正直的品格使得管理者在日常工作中能够起到表率作用，可以使大家更加信服。正直的品格在银行这种讲究规范，强调安全的企业中尤为重要，只有管理

者拥有这种正直的品格，银行在工作中才能更好地控制风险，才能更好地杜绝银行员工在审批发放贷款过程中的违规行为，才能赢得客户的信任。

二是管理者要有不断探索，不断学习的精神。回顾银行一路的发展，银行的每一步都离不开管理者与员工的不断探索。从银行的合同文本的设计，贷款业务类型的选择，部门的设置，到员工的选择培养，客户的开发，无一不是在银行全体员工的探索和学习中形成的，而也正是这种探索与学习，使得银行能更加贴近当地现状，开发出更加适合牧区人民的信贷产品。

三是一以贯之，持之以恒的态度。鄂温克包商村镇银行地处偏远少数民族聚集地区，这就意味着，开展业务更加困难，获得利润更加缓慢。

10 年的时间，鄂温克包商村镇银行从筹建时仅仅只有 13 名员工、普普通通的一家村镇银行，发展成了一家别具特色的“马背银行”。李倩也从当初以为自己仅仅是鄂温克包商村镇银行的一位过客，到割舍不下与银行、同事们之间的患难之情，在鄂温克包商村镇银行兢兢业业奉献了 10 年，这其中收获了事业，也有对家人的亏欠。这 10 年的种种经历，酸甜苦辣，不仅丰富了李倩的人生，也为边疆地区成就了一名优秀的银行家。

三、淬炼、转型与愿景：打造“马背银行2.0版”

马背银行第一任行长汪海峰和第二任行长腾国华，都在银行十年初创期间做了大量的奠基工作，为银行经营管理模式的探索、为马背银行企业文化的形成，起到巨大的推动作用。

第一任汪海峰行长由包商银行派出。在村镇银行成立初期时，机构类型还是新生事物，各方面管理、产品、服务模式等都没有可以参考的模式。汪行长在银行初期运行模式上设定基本的框架、嫁接和传承发起行基因、员工技能培养方面下了很多苦功夫。特别是建行初期，除了高管有银行管理和从业经验外，全部的员工都缺乏银行从业基础，业务发展和技能准备的难度可想而知。但在汪行长的努力下，银行具备了基本的运营管理制度，员工的技能水平逐步提升，并在团队凝聚力方面打下了良好基础。

第二任腾国华行长标志着银行管理干部本土化的一个重要开始。腾国华行长时任鄂温克旗人民银行副行长，他熟悉蒙古语言，分管人行业务技术类科室，具有多年的金融行业从业经验，熟悉本地市场，是非常好的本土干部。在银行最初的“吉祥三宝”“塔拉四宝”等特色产品设计方面以及与牧区客户接触更为接地气，为助推信贷业务规模的发展做出了重要贡献。

现在，马背银行行长的重担落在了一个年轻的博士身上，他将带领马背银行走向未来的十年，这个年轻人就是李晓峰。

李晓峰行长是 2017 年 6 月份从包商银行来到鄂温克包商村镇银行的。这一年是他毕业参加工作的第十个年头。十年间，他的脚步从经济研究、战略规划到产品研发，再到银行基层管理。

马背银行经历了十年的发展，从业务角度和管理角度，以第三者视角看，都处于一个拐点，以前相对粗放式的管理需要向着更加集约、规范、合规、注重效率、注重科学性的方向转型。十年来马背银行创建了各种机制和模式，塑造了自己的经营管理理念，形成了独具特色的马背银行企业文化，这是好的方面；但同时，经过十年相对粗放的发展，长期积累的业务方面的问题伴随着牧区三年干旱，积聚的风险井喷式爆发。上任至今，李晓峰行长在业务及管理转型方面下了很大的功夫，带领团队致力于缓释这些业务风险，同时从管理角度努力使鄂温克包商村镇银行不断探索从粗放式管理到规范化管理的有效途径。他坦言，刚来马背银行的初期，遇到的最大问题是大家对于存款、贷款以外经营指标的忽略，大多数人对 ROA、ROE、收息率、净息差之类基本没有什么概念。只能反复强调，使大家认识到这些东西才是关乎马背银行未来盈利和可持续发展的最根本的东西，要以这些指标为导向，提升马背银行的经营效率，未来的马背银行才能更好地发展。

李晓峰认为，当前马背银行的困难和发展瓶颈，依然是人才的问题。人才因素制约着马背银行创新的发展和管理的改善。另外的困难就是发展模式的选择问题，具体可以说是业务模式的问题。一个银行的定位，也就决定着一个银行的未来发展道路。坚持小微、牧民为核心客户，成本非常高，盈利非常低，但确实是马背银行的定位，是应该聚焦的服务对象。因此，一定要坚持初衷，把服务牧民和小微企业作为马背银行始终不渝的奋斗方向。

李晓峰认为，“解决中小企业融资难融资贵问题”以及“解决牧区牧民融资难问题”需要政府发挥更多作用，但同时还要建立好的市场机制，银行要建立有效率的运行机制和商业模式，同时金融机构还要有一定的社会责任意识，有担当，有情怀，能够切实为小微客户服务。马背银行的所在地是牧区，地广人稀，民族地区信用意识和信用观念需要慢慢培育，这些问题都导致经营成本居高不下。在这种艰苦的条件下，马背银行还要坚持服务牧区牧民定位，不改初心，主要基于几个方面考虑：一是马背银行位于边疆地区，和俄罗斯有很大的接壤，牧民的稳定关乎国家的稳定，而牧民稳定的基础来源于经济稳定，因此，从社会责任角度而言，李晓峰行长认为马背银行应该实实在在担当起责任，要服务好牧区牧民，要为边疆稳定贡献力量，这不是空喊口号。二是牧区牧民对金融服务有切实的需求，而当地金融服务严重不足，马背银行在这方面应该做出应有的贡献，提高当地居民的信贷可及性，提高金融服务的覆盖面，以帮助牧民发展生产，帮助当地经济更快发展。三是希望通过马背银行的服务，在一定程度上提升牧区的信用环境。这其实是个历史性问题，牧民对信用记录不重视，对高利贷危害意识不足，所以，近一年多来，李晓峰行长及其团队参与了牧区高利贷置换工作，同时组织了几十场针对牧民的专题讲座，使牧民了解高利贷的危害，了解信用的重要性，让他们知道如何从正规金融机构借款。

谈到到鄂温克近两年来对自己影响最大、印象最深的事情，李晓峰行长认为有两个：一是“马背银行，筑梦草原”的这个定位和使命，尤其后四个字，其实蕴含了很多东西，就是要扎根草原，服务牧区，实现牧民的梦想、银行的梦想，我们自己的梦想。定位很关键，定位决定着你的发展方向，马背银行在郭董事长的战略引领下，做了很好的定位，这个是最关键的。二是还有我们的很多信贷员来自少数民族地区，很能吃苦，牧区信贷是个很艰苦的工作，路不好走，又很遥远，天气寒冷，与客户沟通交流难，可以说困难很多。信贷员下户的感人故事也很多，帮助客户找牛找羊、帮助客户打草修理机器，和客户交朋友等等。淳朴的客户经理在不断积累点点滴滴的感人故事，员工和客户已经形成了某种意义上的“共同体”，很多员工和牧民成为很好的朋友。马背银行拥有大量优质牧民客户，这些客户的忠诚度很高，这些都是马背银行未来可持续发展的基础。

李晓峰行长始终坚信战略引领的重要性，清晰的战略愿景对于经营来说至关重要，战略是顶层设计，是银行发展的方向。事实上，从业务聚焦度、客户群体瞄准等方面，鄂温克包商村镇银行一直都在践行这一理念，从 2018 年开始推出的“都兰·乌若服务站”（蒙古语，意为“温暖的家”）和“温都苏计划”（蒙古语，意为“扎根计划”）都无不体现这一精神和理念。

马背银行最可贵的企业文化，在外部的精神层面体现为“马背银行，筑梦草原”的使命感，而在内部管理层面则体现为对员工的关爱和对员工成长的重视。在员工管理方面，马背银行始终朝着“能够让员工以行为家”的方向努力，包括员工食堂、健身房、茶歇室、活动区、孟和小院等等，这些方面的努力，都是希望员工能够对银行更有归属感，能够在银行感到温馨、舒心、愉快，营造一种家的氛围，使员工之间能够更好地合作，使每个人都感觉是在为自己的大家庭而努力，为成为马背银行的一分子而骄傲。李晓峰行长认为，这种内外部的制度文化是协调统一的，扎根草原牧区必须有一批扎根鄂温克包商村镇银行的员工和管理人员，因此必须做好基础的服务工作，包括服务我们的牧民客户，也包括服务我们的内部员工。

在马背银行工作的时间，李晓峰行长下基层，访牧户，与一线信贷员一起熟悉当地牧民和小微企业的生产生活情况，努力把自己融入到马背银行中，融入到这片广袤而充满希望的大草原中。从关注顶层设计和宏观战略的银行管理者，到一个真正接地气的基层银行管理者，李晓峰行长在马背银行经历了宝贵的淬炼。谈到“一名优秀的银行管理者所应具备的重要素质”，李晓峰行长认为：大银行和小银行对管理者所应具备的素质我认为没有太多本质上的差别，毕竟银行虽小五脏俱全，一个优秀的银行管理者应始终有风险和忧患意识，银行是经营风险的机构，业务风险、流动性风险、声誉风险等等，随便哪个方面出点问题，都会有可能成为很大的问题。因此，不管是做一笔业务考虑信用风险也好，还是日常声誉受损可能导致流动性风险也好，经营中的风险忧患意识要始终保持，这是作为一名优秀的银行管理者一定要有的。同时，还要有战略大局观。银行不是短期经营行为，一定是个长期的可持续的经营，大银行有大的发展方向，小银行有小银行自己的定位，你未来要做成什么样的，你的核心理念、核心客群是什么；要成为你自己定位的银行，你要如何达到；在哪些方面、哪些领域你需要加强，作为优秀的银行管理者一定要时时心中有数。只图一时，不谋全局，一定不能成为一个优秀的银行管理者，一定要从大局、从宏观勾画银行发展蓝图。最后，管理者要坚守职业道德，这对银行人极为重要。

如今马背银行已经成长为一家优秀的牧区银行，在马背银行由优秀走向卓越的过程中。谈及未来的发展，李晓峰行长充满信心：从优秀走向卓越，非常契合郭董事长提出的“马背银行 2.0 版”，打造“马背银行 2.0 版”确实是未来几年银行进一步深化机制和转型的一个方向，也是下一个十年我们要努力的方向。2.0 版的马背银行的使命和目标客群已经确定了，关键在于如何去朝着这个战略方向走。

李晓峰行长认为，马背银行要在未来十年提升自己的竞争力并全面提升管理理念，必须重视三个方面的工作：

一是提升科技手段在全行经营和管理中的应用，提升经营管理的科技含量，有效提升管理效率，降低业务风险，降低经营成本。

二是增强合规经营理念在全行上下的推广与根植。从业务到管理，从上到下，大家把合规放在首位，始终坚持合规，让合规成为一种习惯，成为不可逾越的鸿沟，这才是银行长远发展的根本，一定不能离开合规经营的理念或者片面追求规模增长。

三是加强人才培养。人始终是发展的关键，即使科技手段能够发挥作用，也只是支持性的，后面一定要有足够优秀的人才递补进来，才能取得长久良好的发展，实现马背银行的升级。

四、从优秀银行到卓越银行：瞩望未来的十年

鄂温克包商村镇银行走过了不平凡的十年。十年中，鄂温克包商村镇银行从零做起，开拓了鄂温克旗以及周边旗县的金融市场，积累了比较雄厚的客户基础，与当地的牧民客户和小微企业客户同甘共苦，建立了牢固的“生命共同体”关系；在这十年，鄂温克包商村镇银行以其清晰坚定的责任担当意识，自觉地履行社会责任，以自己扎实的金融服务，帮助牧区牧民不断发展，为这片大草原的繁荣昌盛做出了突出贡献，为发展牧区经济、传承民族文化做出了突出贡献；十年来，鄂温克包商村镇银行也获得了良好的口碑，锻造了自己的优秀的企业文化，作为一家优秀的村镇银行，马背银行以自己的十年耕耘赢得了客户、政府、监管者的广泛认同和赞誉。

展望未来，鄂温克包商村镇银行致力于从一家优秀银行向卓越银行迈进。这就需要从银行自身的经营管理机制的升级转型入手，进一步提升马背银行的风险控制机制、绩效考核机制、信用评估机制、金融创新机制、员工激励约束机制；同时，马背银行

的成长，也离不开监管部门和政府的有力支持。

中国小额信贷联盟理事长杜晓山教授曾考察过鄂温克包商村镇银行，对这家位于边疆民族地区的村镇银行非常熟悉，对马背银行所取得的业绩给予了高度肯定。他认为，鄂温克地处边疆牧区，地域广阔，人口稀少，在这里放贷，现实上讲是不经济的。监管层考虑到情况特殊，破例允许多县一行经营，使这一问题有所改善。杜晓山教授高度评价马背银行的企业文化和经营理念，认为“马背银行是一个具有社会情怀、企业社会责任的、一定程度上带有社会企业性质的银行。马背银行整体已经形成了一种全体员工都认同的文化，真心实意为牧民服务、为牧区金融业发展而奋斗。从自身可持续发展能力和社会责任的履行方面综合来讲，马背银行确实是优秀的。”

马背银行如何从优秀银行迈向卓越银行？杜晓山教授认为必须注重以下方面的工作：第一，要求银行管理层开阔眼界，特别是董事会，要对国内外普惠金融发展现状非常了解，从成功与失败的案例中汲取经验与教训，获得创新灵感；我国地区差异性很强，要对国情有深刻的认识，特别是对当地的情况，要深入基层去了解实情，结合当前发展阶段，探索符合实际的金融服务模式与产品创新方式。第二，进一步提高银行自身业务素质，德才兼具，通过精神与物质手段吸引人才并培养人才，加强专业学习、培训与情怀、信念、价值观的培养与提高，使得团队精通业务并能根据业务知识设计适合目标客户的特色产品与工具；利用金融科技降低成本与风险，与主发起行、第三方金融科技公司合作，提高银行的科技水平。第三，国家政策还是要对村镇银行的发展有所扶持，尤其对边疆民族地区的村镇银行要多加扶持，如“多县一行”继续放开，必要时提供财税帮助，请专家为村镇银行管理人员提供培训，提高管理人员素质；规范主发起行制度，调节主发起行与村镇银行之间的关系，保证灵活性与原则性兼容，尊重、信任村镇银行，鼓励村镇银行自我创新。第四，要控制牧民贷款风险，包括自然风险和道德风险。防范道德风险的措施要线上线下共进，线下利用乡规民约和牧民群体本身了解情况，线上采取数字化跟踪、分期还贷记录与经营情况监控进行了解；而防范自然风险则依赖现代养殖技术的推广与养殖环境的改善，银行可以对客户进行相关知识的宣传与教育。

“马背银行，筑梦草原”，鄂温克包商村镇银行追寻和向往的这个“梦”，既是员工成长之梦，是银行壮大之梦，更是牧民致富之梦，是呼伦贝尔这片大草原安定繁荣之梦，是各民族和谐发展之梦。要实现这个梦，可谓任重道远。相信鄂温克包商村镇银行能够一如既往，不忘初心，脚踏实地，埋头苦干，在服务牧民、繁荣牧区、安边固疆的道路上行稳致远，再创未来十年的辉煌业绩。

充满活力的员工团队

附 录

附录1 鄂温克包商村镇银行成长历程（大事记）

2009年

1月19日 银行创立大会在呼伦贝尔酒店召开。会议选举产生第一届董事会。银行董事会由五人组成，分别为郭建荣、王久翔、汪海峰、陈祥、莫金柱，郭建荣担任董事长，聘任汪海峰为首任行长。

4月10日 银行开业庆典仪式在鄂温克旗宾馆隆重举行。呼伦贝尔市委常委、常务副市长魏国楠、内蒙古金融办副主任李毅刚、包商银行副行长魏占元等领导和嘉宾出席了开幕仪式并剪彩，银行正式开始对外营业。开业初始设立业务部、营业部和行政事务部三个部门，负责人分别为汪海峰（兼）、褚继延、李倩。

银行开业庆典仪式

5 月 11 日 银行邀请中国大陆著名礼仪专家、中国人民大学国际关系学院外交系主任金正昆做员工培训礼仪、服务知识培训。

8 月 17 日 中国银监会合作部姜丽明副主任到银行视察指导工作，内蒙古银监局副局长宋建基、包商银行董事长李镇西、监事长李献平、行长王慧萍等领导陪同。姜丽明副主任为银行题词“银行虽小，舞台却大，祝鄂温克包商村镇银行成为牧民自己的银行”。

2010年

1 月 28 日 银行召开第一届董事会第三次会议、2010 年度股东大会，审议通过 2009 年度经营层工作报告，聘任腾国华为副行长，聘任褚继延、李倩为行长助理，通过了设立巴雁支行的议案。

2 月 8 日 银行首家支行——巴雁支行正式获准开业，郭建荣董事长出席了开业仪式。

3 月 29 日 银行招聘第三批员工，至此员工由成立之初的 13 人增加至 37 人。

10 月 22 日 银行召开第一届董事会第四次会议及 2010 年临时股东会议，通过了增资扩股议案、修改章程议案以及设立巴彦库仁支行的议案。

11 月 18 日 中国银行业监督管理委员会呼伦贝尔监管分局批准银行申请增资扩股方案，同意将注册资本由 500 万元增至 3000 万元。

12 月 21 日 鄂温克旗工商行政管理局为银行成功换发工商执照，注册资本金由 500 万元增至 3000 万元。银行首次增资工作圆满完成。

2011年

1月22日 银行召开第一届董事会第五次会议，会议通过了经营层报告和部门设置调整方案，聘任褚继延、李倩两位同志为银行副行长。

1月27日 银行对部门架构进行了调整，整体组织架构分前中后台3个层次，共7个部门，对分支机构实现条线管理，支行只有一个信贷部和营业部，其他人事、行政、风险等职能部门全部由总行职能部门负责。8月，在原有3条管理条线的基础上，增设科技部、审计部、信贷管理部3个部门。

3月15日 银行被鄂温克旗统战部授予“创先争优先进企业”荣誉称号。

3月21日 呼伦贝尔市鄂温克旗巴彦塔拉达翰尔民族乡牧民专业合作社将一面印有“惠农惠牧、阳光放贷”的锦旗送到银行，以表达对支持三农三牧、真正给牧民群众带来经济实惠的感激之情。

3月26日 包商时报主编冯传友到银行调研采访，同银行信贷员一起深入牧区实地调查走访客户，了解一线员工牧区普惠金融事业的艰辛，感受银行文化和精神。

4月18日 银行第二家支行巴彦库仁支行正式开业，服务范围由鄂温克旗扩大至陈巴尔虎旗。

5月31日 银行参加陈巴尔虎旗政银企融资洽谈，与各中小企业签订共计460万元的贷款合作意向。

6月11日 银行党支部、工会、团支部联合举办了第二届职工篮球比赛。为总行及分支机构职工间的相互学习沟通提供了良好平台。

6月15日 中国人民银行呼和浩特中心支行副行长高兰根在呼伦贝尔市人民银行行长哈斯及鄂温克旗人民银行行长姜中洲等领导陪同下到银行检查指导工作。

6 月 29 日 银行与旗统战部、旗老干部局共同开展了走访慰问“老干部、老革命、老党员”活动，感谢他们为党的建设和鄂温克旗的经济社会发展所做出的突出贡献。

7 月 1 日 鄂温克旗召开“中国共产党建党 90 周年”庆祝大会,银行被授予“先进基层党组织”称号。同月 3 日银行党支部、工会及团支部联合举办了“讴歌红色精神、弘扬时代旋律”主题活动。

7 月 5 日 由中国小额信贷联盟、包商银行农金部及战略部专家组成的客户保护评估组莅临银行进行评估调研，国际小额信贷联盟官员参与评估。

7 月 10 日 因发起行人事调整，汪海峰卸任行长职务，腾国华副行长临时主持经营层工作。

7 月 20 日 中央电视台 CCTV-7《聚焦三农》栏目组对银行在推动农村牧区经济社会发展、支持和扶持当地农牧民增产创收等方面工作进行采访（同年 9 月播出相关报道）。

8 月 16 日 银行官方网站（www.ewkbrb.com）正式开通，标志银行企业信息化建设进入了全新的阶段。

9 月 3 日 由市、旗两级公安局和市银监局组成的检查组对银行的安全保卫工作开展了现场检查评估工作，银行荣获 99 分高分，得到了检查组领导的高度评价和认可。

9 月 26 日 银行成功加入全国现代化支付系统，至此，支付结算系统成功上线。

12 月 31 日 鄂温克旗四大班子领导以及旗人民银行领导分别看望慰问银行干部职工，对银行为鄂温克旗经济社会平稳较快发展做出的贡献表示感谢。

2012年

1月13日 银行召开第一届董事会第六次会议及2011年度股东大会，审议了2011年度报告、董事会工作报告等。选举产生了新一届董事会成员，腾国华受聘担任行长。

2月11日 银行召开2012年度工作会议。会议全面总结2011年主要工作，研究部署了2012年工作任务及重点。

3月12日《人民日报》(海外版)第03版《农民工迎来就业新春天》对银行支持农牧民创业的信贷运行模式进行了报道。表明银行创新“一次授信、三年循环使用”和“周转使用+多户联保+村委会成员担保”的信贷运行模式受到农牧民欢迎。

3月28日 内蒙古银监局召开了电视电话会议，总结全区农村中小金融机构贷款新规推进年工作开展情况和成效，银行被评选为呼伦贝尔地区推进贷款新规工作先进单位。

5月2日 银行综合业务系统升级完成。经数据移植核对无误、各项业务测试正常后，系统升级工作顺利结束并正式运行。

5月10日 内蒙古银监局宋建基副局长在呼伦贝尔市银监分局兰青峰局长陪同下，到银行视察工作。

5月30日 银行邀请呼伦贝尔银监分局监管科领导进行非现场监管信息系统培训。莫力达瓦包商村镇银行、扎兰屯蒙银村镇银行相关人员也列席参加了本次培训。

6月7日 银行综合信息平台成功上线，实现了文字、图片内容以彩信、短信的形式向客户及时发送的功能，让客户在第一时间了解银行动态。

6月30日 中共呼伦贝尔市委统战部、中共呼伦贝尔市非公有制企业系统委员会联合举办呼伦贝尔市“感党恩、跟党走”庆祝建党91周年表彰大会。银行党支部获得全市非公有制企业系统创先争优活动中“先进基层党组织”称号。

8月15日 中国金融学会副秘书长、国务院发展研究中心金融研究所所长张承惠在包商银行董事长助理郭凯军博士陪同下到银行调研，就村镇银行生存发展状况、存在的问题和困难，以及对国家相关政策的要求和期望等内容与银行领导进行了座谈。

8月16日 包商银行副行长周凤亮到银行检查指导工作，听取了行领导工作汇报，并与部分员工进行了交流，对银行工作进行了帮助和指导。

8月24日 银行发布了首部《社会责任报告》。报告主要从完善社会责任管理、积极支持三牧、深入推进普惠金融、践行绿色低碳金融、投身社会公益事业等多方面展现了履行社会责任方面取得的成果。

8月27日 银行推出专门针对牧区小微企业的无抵押信贷产品——“塔拉微贷”，开创了全国同类机构及呼伦贝尔地区银行业机构此类业务先河。

9月19日 行党支部在鄂温克旗锡尼河镇西苏木诺图格幼儿园举行爱心图书捐赠仪式，为诺图格幼儿园的小朋友们送去大量幼儿启蒙图书。

10月11日 银行OA办公系统投入运营。该系统促进了银行办公规范化、标准化，进一步提高了公文及信息传输的安全性、稳定性、便捷性。

10月16日 银行柜面客户智能排队管理系统上线。

10月29日 内蒙古电视台采访银行，对成立三年多来在推动农村牧区经济社会发展，支持和扶持当地农牧民增产创收，扶持小微企业健康发展等方面工作进行了深入了解。

10月31日 由腾国华行长参与创作的银行行歌《草原上的雄鹰》MV拍摄完成。

11月3日 中国银行业协会和花旗中国在海口宣布第八届中国“微型创业奖”的评选结果，表彰在过去一年中通过小额信贷成功创业的优秀微型企业家和杰出的小额信贷机构，银行荣获中国“微型创业奖”财务可持续奖提名，李倩副行长出席了颁奖典礼。

11月10日 银行形象宣传片制作完成。本片描述了村镇银行一年组建、两年发展、三年跃进的发展历程，塑造了“服务三牧、服务小微、服务区域经济发展的精品村镇银行”的良好形象。

2013年

1月25日《村镇银行动态》报道了银行塔拉微贷部业务成果。塔拉微贷部成立三个月，共发放贷款139笔，累放金额突破2000万，对于每一位有资金需求的农牧户、小商贩，不论金额大小，微贷部每位员工都积极对待、真诚受理，深受广大客户赞誉。

1月26日 银行启动POS机业务并正式投入使用。

2月23日《证券之星》杂志对银行贴心服务“三农”的经营模式进行了报道。

2月26日 银行召开2013年度工作会议，总结2012年主要工作，并对2013年工作作出部署。

4月13日 行领导及部分业务骨干赴兴安盟进行经验交流座谈。通过此次交流，加深了机构间的相互了解，促进了友好往来。

4月24日 内蒙古自治区村镇银行2012年度监管评级结果发布，银行获得监管二级评价。

5月8日 银行“吉祥三宝”牧民贷款荣获“第三届中国农村金融品牌价值榜·十大品牌创新产品”荣誉称号。

5月20日 塔拉微金融学社正式成立。选举了李倩副行长担任学社社长，董事会办公室主任贾逢英任秘书长，审计部总经理马宁、计划财务部副经理辛腾君任副秘书长。

6月26日 银行业务骨干参加了呼伦贝尔市工商联举办的美

时任呼伦贝尔银监分局局长兰青峰（右二）为“马背银行”揭牌

国密苏里大学教授与呼伦贝尔企业家学术交流大会。

7 月 24 日 银行在陈巴尔虎旗草原举行“马背银行—草原情”员工夏季集体郊游活动，标志着“马背银行”战略正式启动。呼伦贝尔银监分局局长兰青峰、中国人民银行陈巴尔虎旗支行行长张义军、银行董事、呼伦贝尔市龙凤集团董事长陈祥出席仪式。

7 月 29 日 贵阳花溪建设村镇银行领导到银行参观交流。

8 月 5 日 银行同呼伦贝尔市威信保安守押公司举行合作签约仪式，行长腾国华、副行长褚继延、李倩和有关网点负责人出席了签约仪式。

8 月 15 日 小额信贷联盟评估专家、中国农业大学经济管理学院何广文教授到银行进行为期三天的调研评估。通过召开座谈会、实地调查等方式开展调研，对银行支持“三牧”建设工作给予了高度的赞扬和充分的肯定，同时还从业务创新、风险防控等方面给予有力指导。

8 月 23 日 中国小额信贷联盟理事长、社科院教授杜晓山到银行调研指导。杜教授一行前往陈巴尔虎旗巴镇奶牛基地和永兴肉业公司实地考察，并结合支行工作提出了相关指导意见。

9月8日 中国农村金融杂志社社长张宝成在呼伦贝尔银监分局兰青峰局长陪同下到银行考察指导，参观了银行总行营业厅柜台区域和牧业信贷区域。

9月14日“2013年度中国银行业协会（花旗）微型创业奖”评选答辩会在北京进行举行，副行长李倩、董事会办公室主任贾逢英赴京答辩。

10月25日 行工会积极参加鄂温克旗总工会开展的“尽责圆梦”关爱灾区学子帮扶慰问活动。副行长、工会主席褚继延同鄂温克旗工会代表深入红花尔基镇和伊敏河镇为5月雪融性洪灾受灾牧民子女实施助学援助，共为70名中小学生送去8000元助学金。

10月29日 郭建荣董事长到中国农村金融杂志社交流学习，与中国农村金融杂志社刘洁主任等进行了交流座谈，李倩副行长及董办工作人员参加交流。

10月31日 银行被授予“2013年度中国银行业协会（花旗）微型创业奖”之全国唯一机构大奖——“年度微型金融机构奖”，颁奖典礼在北京梅地亚中心隆重举行，郭建荣董事长、李倩副行长出席颁奖仪式。

11月7日 银行召开党员大会，党总支正式成立。会议选举了党总支组成人员。

11月11日 银行电话银行及客服中心系统正式上线，统一由包商银行提供服务，号码为4008696016。客户服务热线上线，拓宽了服务渠道，有利于满足客户多元化服务需求。

11月13日 银行团委第四次团代会召开。鄂温克旗团委书记罗程光参加了本次会议，会议听取了三届团委工作报告、选举产生了新一届团委。

11月14日 兴安盟银监分局局长贾尔宠率兴安盟辖内村镇

银行董事长、行长等到银行考察交流，就村镇银行发展及管理中的共同话题展开探讨。

11月20日 呼伦贝尔市银行业协会组织召开了一届二次理事会暨文明规范服务示范单位表彰大会，银行被授予“文明规范服务示范单位”荣誉称号。

11月26日 鄂温克旗举行非公企业党建工作现场交流会。鄂温克旗委组织部长高振义、副部长张健、金俊辉，鄂温克旗工商联非公企业党委书记戴曙光带领鄂温克旗30余位非公企业党建工作者莅临银行参观、指导党建工作。

11月27日 鄂温克旗全旗工会工作现场交流会在银行召开。银行行长腾国华、工会主席褚继延、副主席马宁及工会委员陪同参观并汇报了工作。

12月8日 银行召开临时股东会，审议通过增资扩股方案，注册资本金由3000万元增至8000万元。12月29日包商银行追加投资正式到位，银行第二次增资顺利完成。

12月9日 银行在2013中国县域金融年会上，被授予“2013年度中国服务县域经济十佳村镇银行”荣誉奖杯。

12月22日 银行举行了“马背银行草原情，魅力冰雪之旅”第二届全员冬季环城跑活动。领导班子带领员工百余人参加活动。

12月23日 银行邀请了《中国农村金融杂志》副主编张建文老师为员工进行了写作专题培训。

12月25日 银行举办第一届“马背银行杯”征文大赛。征文大赛评选出最佳创意奖、最佳文学奖及最佳感悟奖各一名。

12月30日《中国银行业》2013特刊号正式出版发行，“业者风采”栏目刊登记者王慧梅采写的题为《草原上的马背银行——记鄂温克旗包商村镇银行发展之道》的署名文章，详细介绍了银行创业故事。

2014年

1月11日 中国小微金融研究院副秘书长王素萍应邀到银行做专题讲座。

1月12日 银行团委积极响应鄂温克旗红十字会号召，倡议员工参加“无偿献血”活动。活动在鄂温克旗人民医院进行，共8名员工参与了献血活动。

1月15日 国内权威评选活动——2013中国金融机构金牌奖之“金龙奖”在北京隆重举办，银行荣获“年度最佳村镇银行”大奖。

1月26日 新区支行正式开业。董事长郭建荣、行长腾国华、副行长褚继延、李倩及部分员工代表参加了开业仪式。

1月27日 银行党委办公室与新区支行党支部组成慰问组，前往巴彦托海镇雅尔塞嘎查五户困难家庭，给他们送去了米、面、油等部分生活用品。

2月12日 银行牧业金融部联合新区支行共同组织了“送金融知识进牧区”活动。并在阿尔山诺尔嘎查、罕乌拉嘎查设立了两个“牧区流动服务点”。新区支行派6名信贷员驻扎在阿尔山诺尔嘎查和罕乌拉嘎查，现场受理贷款申请并解答相关问题，驻扎为期3天。

2月18日 银行被中共鄂温克旗委员会授予团委“2013年度全旗群团工作先进集体”荣誉称号，成为全旗3家非公企业中唯一获奖单位。

3月5日 银行巴彦库仁支行营业部内开设了首个蒙语服务窗口，由蒙汉语兼通的员工负责办理业务。

3月6日 银行被呼伦贝尔市人力资源和社会保障局授予“2013年度劳动保障诚信守法A级单位”荣誉称号。此项荣誉的获得，充分体现了银行对加强劳动保障诚信建设的力度。

3月12日 包商银行金岩副董事长莅临银行调研指导工作，

与高层管理人员召开了座谈会，并在银行领导陪同下到牧区客户家中进行实地调研指导工作。

3 月 14 日 银行召开群众路线教育实践活动动员大会，巴彦托海镇党委书记郭玉玲、计生办主任旭丽出席大会，银行党委委员、党支部委员及部分党员参加会议。会上，银行党委书记、董事长郭建荣作深入开展党的群众路线教育实践活动动员讲话，对深入开展党的群众路线教育实践活动的重大意义、目标要求、各项任务等方面，进行了安排部署。

3 月 25 日《中国农村金融》杂志在第二期金融消费者保护专栏中刊登了李倩副行长撰写的文章《责任信贷在行动——银行客户权益保护实践》，从防止客户过度负债、信息透明化、公平公正对待客户、强化员工职业道德、保护客户隐私六个方面诠释了银行保护客户权益的实践，同时表达了银行始终把客户权益放在首位，在经营理念、企业文化、战略目标和员工行为规范上均突出客户权益保护的理念。

4 月 2 日 银行借记卡业务正式上线发卡。新农金润泽借记卡可实现 POS 机刷卡消费、在国内各银联 ATM 机取款、转账等功能。

4 月 15 日 腾国华行长参加呼伦贝尔市金融工作会议，银行荣获“支持县域经济发展奖”。

4 月 24 日 在呼伦贝尔市召开的“庆五一”表彰大会上，银行微小企业金融部被呼伦贝尔市总工会授予“工人先锋号”荣誉称号。

4 月 29 日 由共青团鄂温克旗委员会主办，鄂温克旗民族少年宫和旗乌兰牧骑共同承办的纪念五四运动 95 周年第六届全旗青年业余歌手大赛在鄂温克旗影剧院举行，银行员工张雪莲获得通俗唱法组三等奖的优异成绩。

5月5日 李倩副行长带领相关人员参加了新左旗组织召开的金融支持实体经济融资对接会。考察中，银行领导与企业代表认真交流，通过对五家企业生产经营模式、发展现状以及融资渠道等方面考察，了解当地实体经济建设情况，为日后银行与当地企业合作奠定良好基础。

5月6日 经呼伦贝尔市、鄂温克旗两级团委推荐，呼伦贝尔市电视台到银行进行采访，微小企业金融部团支部书记接受了记者采访，并就团委和微小企业金融部团支部的工作作了介绍。

5月8日 银行召开了“支持县域经济协调工作会”。内蒙古县域经济发展促进会和市牧业经营管理站领导出席会议，充分肯定了银行信贷工作开展情况，并希望继续加大对牧区和当地企业的信贷投放力度，推动当地县域经济的发展。

5月10日 银行被授予“2013年度金融支持县域经济发展突出贡献奖”，是继去年9月在中国县域金融年会上荣获“2013年度中国服务县域经济十佳村镇银行”的又一支持县域经济奖。

5月20日 银行工会被内蒙古自治区总工会授予“全区示范化企业工会”荣誉称号。

6月10日 银行微贷团支部被共青团呼伦贝尔市委员会、鄂温克旗委员会分别授予2013年度全市五四红旗团支部、2013年度全旗五四红旗团支部荣誉称号。

6月18日 中国小额信贷之父、中国小额信贷联盟理事长杜晓山教授率领“2013年度微型创业奖”获奖机构代表莅临银行考察指导工作。此次考察是继微型创业奖活动组织考察柬埔寨Acleda银行等微型金融机构后，组织的国内微型金融机构考察活动，旨在进一步加强国内行业机构间的交流与合作。

6月21日 银行组织员工前往鄂温克族的传统节日瑟宾节活动现场，搭建天幕，为参加活动的牧民群众提供休息和饮食服务场所，让他们在享受欢乐气氛的同时，感受银行心系牧民的真情和温暖。

7月11日 银行在鄂温克旗巴彦呼硕嘎查举行“2014社会责任报告发布暨呼斯楞牧民客户成长计划启动仪式”。中国银行业协会专职副会长杨再平、副秘书长张芳、农金部副主任耿博，内蒙古银监局党委副书记、副局长宋建基，副巡视员、内蒙古银行业协会专职副会长林雪清，呼伦贝尔市副市长闫宏光，政府副秘书长、金融办主任孙青、政府副秘书长臧著强、鄂温克旗旗委常委、常务副旗长多明，人民银行、银监局、银行业协会等单位主要领导;《金融时报》《中国农村金融》《呼伦贝尔日报》等媒体单位的记者；苏木嘎查代表，客户代表以及银行部分员工代表共计100余人出席了仪式。

7月17日 内蒙古自治区金融办田跃勇副主任莅临银行调研指导工作，了解银行的发展情况和存在的问题，进一步研究推进农村牧区金融改革。

7月29日 银监会办公厅组织中央新闻媒体到内蒙古采访“金十条”发布一年来银行业机构服务实体经济发展情况，银行作

中银协专职副会长杨再平出席我行2014社会责任报告发布会并作即兴演讲

为唯一一家新型农村金融机构代表参会，内蒙古银监局贾奇珍副局长出席会议，李倩副行长代表银行参加会议。

8月19日 市委常委、旗委书记高润喜，旗委常委、宣传部部长、统战部部长孟和托雅在巴彦托海镇党委书记郭玉玲的陪同下到银行进行“科学发展观摩会”前期检查指导。

9月20日 中国人民银行研究局金融市场处庾力处长应邀为银行员工进行了题为“互联网金融的最大意义是对传统金融机构的挑战”专题讲座。

9月30日 伊敏支行基层流动服务站——伊敏苏木站点、辉苏木站点正式挂牌成立。

9月30日 行团委参加由鄂温克旗团委联合全旗五家青年文明号单位共同开展的“迎双节慰问演出活动”，为旗福利院的老人送去慰问品和节日问候。

10月9日 新区支行在东苏木试验站嘎查设立了“嘎查流动服务站”。

11月28日 行长腾国华参加内蒙古银行业支持实体经济发展工作推进会议，银行荣获2014年度内蒙古银行业服务“三农三牧”创新金融产品奖。

12月3日 北京工商大学经济学院与银行签订了校外实习基地协议，并授予银行“北京工商大学校外实践基地”铜牌，银行成为北京工商大学经济学院金融硕士实习基地，李倩副行长被聘请为北京工商大学经济学院校外导师。

12月14日 2014中国县域金融年会在北京召开，国家相关部门领导、专家学者出席会议，银行副行长李倩受邀参加会议。银行被授予“2014年度中国服务县域经济十佳村镇银行”荣誉奖牌，成为连续两年荣获该奖项的金融机构。

12月15日 2014中国小额信贷联盟年会暨中国小额信贷峰

会及中国银行业协会（花旗）微型创业奖颁奖典礼等系列活动在北京国际会议中心隆重召开，郭建荣董事长、李倩副行长受邀参加会议。李倩副行长受邀作了“马背银行，筑梦草原，牧区村镇银行社会绩效管理实践”主题汇报。

12 月 20 日 行团委组织的“马背银行，筑梦草原”2014 年度冬季全员环城跑在鄂温克旗电影院广场隆重举行。郭建荣董事长、腾国华行长、褚继延副行长及员工共 102 人参加了活动。

2015年

1 月 24 日 银行举办年会，对 2014 年度先进集体、先进个人进行表彰。中国小微金融研究院副秘书长王素萍、鄂温克旗党委副书记王文起、旗总工会主席丹砾、巴彦托海镇党委书记郭玉玲等领导参加。

2 月 10 日 内蒙古银监局文振新局长到银行调研指导，呼伦贝尔银监分局兰青峰局长陪同。郭建荣董事长、腾国华行长、褚继延副行长、李倩副行长等陪同参观并汇报工作。

3 月 10 日 内蒙古自治区金融工作会议在呼和浩特市召开，银行荣获自治区人民政府“2014 年度金融支持民生贡献奖”。

3 月 20 日 中国银行业协会村镇银行工作委员会成立暨一届一次常委会在北京召开。会议审议通过了中国银行业协会村镇银行工作委员会第一届常委单位议案，银行被选举为副主任单位，郭建荣董事长被聘任为第一届中国银行业协会村镇银行工作委员会副主任、常务委员会副主任，董事会办公室贾逢英主任被聘为工作委员会办公室副主任。中国银行业协会杨再平专职副会长为银行题词“马背银行，普惠牧民”。

5 月 1 日 行党委委员、副行长褚继延连获呼伦贝尔市、鄂温克旗两级劳动模范称号，并参加表彰仪式，市委书记罗志虎、副书记、市长张利平等领导出席会议并发表重要讲话。

6月14日 2015中国农村金融品牌建设论坛暨“农信银杯”第五届中国农村金融品牌价值榜颁奖典礼在北京人民大会堂宾馆隆重举行，党委书记、董事长郭建荣荣获“2014全国农村金融十大品牌创新人物”奖。

6月25日 内蒙古总工会法工部部长傲木格一行到银行开展调研工作，并与银行工会主席、副行长褚继延、工会副主席、审计部总经理马宁、董事会办公室主任贾逢英及相关职工代表召开座谈会。

7月1日 银行党委、工会、团委联合组织了纪念党的生日94周年主题活动，4名预备党员面对党旗宣誓，成为正式党员。

7月17日 主题为“新常态·新梦想——村镇银行创新发展新思路”的中银协村镇银行工作委员会第一届常务委员会第二次会议在浙江台州召开。李倩副行长代表银行作了题为“马背银行，筑梦草原，做全国最好的牧业信贷机构”的交流发言，李倩副行长被正式聘任为中银协村镇银行工作委员会办公室副主任。

9月26日 银行总行及新区支行网点实行节假日轮休制度。

12月2日 银行加入鄂温克旗加强牧区信用体系建设大力推进牧户小额信贷业务发展试点工作领导小组成员。参与人民银行农村信用体系建设工作。

12月6日 2015中国县域金融年会在京召开，国家相关部门领导、专家学者出席会议，银行作为服务县域经济发展的金融机构之一受邀参加会议，并被授予“2015年度中国服务县域经济十佳村镇银行”荣誉奖牌，成为连续三年荣获该奖项的金融机构，副行长李倩出席会议。相关部门领导先后多次赞誉银行扎根在少数民族边疆，服务牧区、特色经营、打造了草原上马背银行的突出成绩。

2016年

1月3日，银行荣获鄂温克旗政务服务中心授予的“巾帼文明岗”荣誉称号。

1月9日至10日，郭建荣董事长受邀出席中德微小金融发展高层论坛并作了“马背银行的牧区普惠金融创新实践”的专题演讲，银行普惠金融实践引起包括德储银行在内国际、国内专家、学者关注。

2月 银行牵头完成中银协《村镇银行扶持政策落实情况专项报告》正式报送银监会、人民银行、国务院发展研究中心等部门。报告以银行为案例，向监管部门提出了放宽边疆、少数民族及经济不发达农村（牧区）金融机构准入政策（简称“一行多县”）诉求，全文近万字，先后发表于《中国农村金融》《中国银行业》杂志。

3月14日 银行制定并颁布了《员工行为九条禁令》，对员工收受客户财物、对外兼职、公务饮酒等行为进行了严格的禁止性规定。

3月25日 银行出台《管理岗位员工绩效考核办法》，引入KPI（关键业绩指标）考核的理念，标志银行对管理人员考核工作上了新台阶。

4月5日 中共呼伦贝尔市委员会、呼伦贝尔市人民政府联合组织召开全市民族宗教蒙古语文工作会议，银行被授予呼伦贝尔市“学习使用蒙古语文先进集体”荣誉称号。

4月11日 银行工会、团委荣获“2015年度鄂温克旗群团工作先进集体”；腾国华行长荣获“2015年度鄂温克旗群团工作先进个人”荣誉称号。

4月27日 银行被授予呼伦贝尔市“五一巾帼标兵岗”荣誉称号，董事会办公室主任贾逢英荣获呼伦贝尔市“五一巾帼标兵”荣誉称号。

5 月 21 日 银行受邀参加国务院发展研究中心金融研究所在海口举办的《中国农村金融发展报告 2015》发布会。银行作为唯一村镇银行代表，受邀参与报告的编写工作，并以银行为例，完成报告第 17 章——基于双重目标的村镇银行普惠金融创新实践共计 1.5 万字的编写任务。李倩副行长代表银行以《从几组数字看村镇银行的社会目标实现——以马背银行为例》和《最坏的时代与最好的时代——村镇银行的挑战与机遇（2016）》两个主题分别进行了演讲，向参会代表介绍银行的普惠金融实践工作。

6 月 15~27 日 银行承办了“马背银行杯”首届鄂温克旗“欢乐草原季”苏木乡镇嘎查文艺汇演。本次汇演由鄂温克旗委宣传部等部门主办，全旗各苏木乡镇社区组成的 53 支文艺队参加了演出，汇演共举办了 10 余场，每场观众人数都在 300 人以上。在汇演活动期间，银行在现场搭建了业务咨询台，使广大群众在观看节目的同时也享受到便利金融服务。员工深入群众，进行业务介绍，并对反洗钱、反假币、消费者权益保护、防范非法集资、信贷业务产品等全方位宣传，将金融知识和金融服务送到群众身边。

6 月 28 日 鄂温克旗党委召开纪念中国共产党成立 95 周年暨全旗“两优一先”表彰大会，鉴于银行党建工作取得的突出成绩和银行党委在地方非公企业党建工作中的示范带头作用，授予银行党委“先进基层党组织”称号。

7 月 8~9 日 山东省城市商业银行合作联盟董事长史跃峰率成员单位，山东、陕西等 20 余家地方法人银行高管到银行考察调研。

7 月 13 日 银行出台实施了《信贷业务人员基本薪酬制度》，旨在充分调动信贷一线员工的积极性，突出利润导向和质量基础。本次改革措施的出台，标志着银行薪酬制度体系向专业化、差别化迈出第一步。

7 月 14 日　内蒙古银行业协会专职副会长宋建基在呼伦贝尔银监分局局长贾尔宠、呼伦贝尔银行业协会专职副会长孙秀丽等领导陪同下到银行巴雁支行调研指导工作。

7 月 16 日　银行在陈巴尔虎旗呼和诺尔草原举办了马背银行“呼斯楞客户成长计划”签约仪式暨纪念建党 95 周年主题庆祝活动。银行高管、中层管理人员与陈巴尔虎旗召帮有机肉业公司领导进行了交流座谈并签订了战略合作协议，为双方的共同成长、共同发展许下了诺言。

8 月 18 至 19 日　由银行协办的全国村镇银行普惠金融发展之路研讨会在呼伦贝尔市陈巴尔虎旗召开。中国银行业协会党委书记潘光伟、副秘书长张芳出席会议并致辞，来自北京、上海、山东、江苏、福建、广西、辽宁、内蒙古、湖北、陕西等省份银行业协会领导及全国各地 20 多家村镇银行会员单位主要负责人出席了会议。银行郭建荣董事长以中银协村银委副主任身份主持了会议。李倩副行长在会上做了《马背银行牧区普惠金融

中银协党委书记、专职副会长潘光伟（右2）同我行客户在一起

发展实践》主题发言。参会人员集体访问了银行“呼斯楞”计划共同成长客户召帮有机肉业公司、宏伟牧民专业合作社，到银行伊敏支行进行了实地考察，出席了银行与维特很嘎查牧户扎布胡龙“呼斯楞”客户共同成长计划的签约仪式。

8 月 22 日 由包商银行董事会秘书兼纪委书记、工会主席陶伟率领的包商银行董、监事调研组一行 9 人到银行指导工作。调研组专家针对银行在吸收存款组织资金、控制贷款质量、稳定员工队伍、发展空间制约等具体问题和困难方面进行了详细了解和指导。

8 月 26 日 中国普惠金融国际研讨会在北京召开。中银协党委书记潘光伟在大会发言中向 500 多名国际国内参会代表介绍银行普惠金融的实践案例受到与会代表的关注。英国普惠金融委员会主席古沛勤爵士在随后的大会发言中赞扬了马背银行的普惠金融情怀和精神,并表示将“马背银行”的经验带到英国去。

9 月 13 日 中国银监会尚福林主席在中银协第七届会员大会二次会议的讲话中，肯定了银行普惠金融创新实践，并将“马背银行”金融服务案例作为模式向全行业推广倡导。

9 月 20 日 前中国银行业协会专职副会长，亚金协筹备组负责人杨再平先生，在印度出席金砖国家普惠金融研讨会上讲述了马背银行的普惠金融故事，把鄂温克包商村镇银行的普惠金融实践带到国际。

9 月 26 日 呼伦贝尔市深化牧区信用体系建设大力推进牧户小额贷款业务发展观摩会在银行召开。呼伦贝尔市人民银行及金融系统共计 40 多人参加了会议。

11 月 29 日 郭建荣董事长应邀参加在北京召开的“中国小贷联盟年会”暨 2016 年度中国银行业协会第十二届微型创业奖颁奖典礼。银行巴彦库仁支行客户希都日古荣获 2016 年度中国银行业协会（花旗集团）“微型创业奖”。

12 月 6 日 银行办公大楼内部装修工程基本结束、内部初验合格，部分行领导及董办、行政等部门先期入住。银行自建办公大楼正式启用，结束了银行七年多“居无定所、租房办公”的历史。

12 月 24 日 “北京大学经济学院科研实验基地”在银行正式挂牌，北京大学经济学院副院长王曙光教授、呼伦贝尔银监分局贾尔宠局长共同出席挂牌仪式。

12 月 27 日 银行召开了第三届董事会第三次会议。按照监管部门要求，银行董事会在原设战略与薪酬、风险管理、信息科技管理、三农三牧等四个委员会的基础上又增设了审计委员会，至此，银行董事会共设立五个专业委员会，治理架构更加完善。

2017年

1 月 14 日 银行新大楼正式入驻。新大楼工程总建筑面积 1.2 万平方米，主副楼布局，框架结构，地下一层地上九层，主要用于对外营业和内部办公。设有营业大厅、贵宾客户室、信贷业务大厅、大中小型会议室、机房、档案室、培训教室、员工餐厅、健身房、舞蹈室、文化室、书画室、员工宿舍等设施。项目从正式开工到落成入住，历时一年半时间。

1 月 18 日 银行召开 2017 年度工作会议，安排部署全年工作。会议全面回顾了 2016 年各项工作，分析了当前面临的形势。

2 月 3 日 银行举行了 2017 年新春团拜会，全体中、高层管理人员共 24 人参加了团拜。大家互致问候以后，团拜会以座谈方式召开，轮流发言，共同分享春节期间关于事业、家庭、人生感悟，对工作的思考，以及假期健身、聚会、敬孝、文明饮酒、读书学习、安全出行等多方面的有趣故事，座谈会后参会人员在员工餐厅聚餐。

2月4日 银行与北京大学经济学院全面战略合作签约仪式暨牧区村镇银行普惠金融发展战略研讨会在北京大学经济学院举行。北京大学经济学院副院长王曙光教授与银行郭建荣董事长签订了战略合作协议。北京工商大学经济学院党委书记张正平教授、中国社科院农发所孙同全教授、中国社科院法学所孙家红副研究员、中央网信办理论传播处王颖副处长、中国银监会大型银行部张棋尧、内蒙古银行业协会宋建基专职副会长、山东省城市商业银行合作联盟董事长史跃峰、天津津南村镇银行董事长刘喜华等领导、专家和业界代表出席了会议，就马背银行的牧区普惠金融发展问题进行了研讨。

3月15日 中国银监会主席郭树清在出席《2016年度中国银行业服务改进情况报告》暨文明规范服务千佳示范单位发布会上讲到中国普惠金融发展的“范式和案例”时提出：创新“马背银行”、“拎包银行”与“夜市银行”等做法，打通和做好了边远地区金融服务“最后一公里”和“最后一步路”问题，让老少边穷地区及弱势群体均等享受优质银行服务。

3月29日 内蒙古银监局召开“2017年新型农村金融机构监管工作会议”。郭建荣董事长应邀作了题为“马背银行的牧区普惠金融实践”的典型发言，向全区参会者介绍了银行在支农支小、担当社会责任，推动牧区普惠金融事业，做好边疆、少数民族地区和弱势群体的金融服务补短板工程，维护边疆地区社会稳定、促进落后地区经济发展、帮助牧民脱贫致富等方面的做法和成效。在次日召开的“内蒙古银行业推进依法合规经营工作（电视电话）”会议上银行又做了题为“内控保发展，合规出效益”工作经验介绍。

4月19日 自治区民委副主任李国成在呼伦贝尔市民委副主

任郭晓林、鄂温克旗政府副旗长武奇等地方领导陪同下，到银行视察民族团结进步工作；5月24日，国家民委副主任陈改户在内蒙古自治区政协党组副书记、副主席陈羽，民委党组书记特古斯等自治区领导陪同下再次来到银行视察民族团结进步创建工作；9月下旬，银行荣获自治区党委、政府联合授予的“内蒙古自治区民族团结进步模范集体”称号。

6月17日 三届六次董事会通过了行长调整议案，年仅35岁的金融学博士李晓峰接任银行行长。在此之前召开的三届五次董事会通过了高管人事提案，聘任贾逢英、鄂继艳为行长助理，聘任马宁为首席风险官。

7月 在主发起行包商银行的大力支持下，银行手机银行、征信系统陆续上线，总行大楼ATM机也正式投入使用。

7月8日 银行在陈巴尔虎旗草原举办了“马背银行索伦客户俱乐部2017客户座谈会”暨建党96周年纪念活动。行领导、各支行、部门员工及客户代表共计110人参加活动。活动当日，全体党员在党旗下庄严宣誓，表达了对党的忠心，以及银行扎根草原，服务牧区的坚定信念。当日，由北京大学产业与文化研究所、贫困地区金融服务联盟与鄂温克包商村镇银行共同发起的“内蒙古牧区金融服务万里行”活动举行启动仪式。

11月10日 由中国银行业协会主办的村镇银行普惠金融研讨会暨《村镇银行十年发展报告》发布会在江苏昆山市召开。银行作为执行主编单位参与了该《报告》的编写工作，银行具有地方特色的企业文化、员工与银行共成长的管理文化和“牛羊在、贷款安”的牧区信贷新理念等案例被写入《报告》中。

12月10日 银行举办了首次“客户开放日”主题活动，向受邀请的客户代表深度介绍银行的设施、产品、服务和文化，通过此举加深与客户的沟通交流，进一步推动银企互动，更多了解牧区客户的金融需求和服务满意度；让客户走进来充分了解银行的机制体制、政策，以及消费者权益保护机制和保障措施。

12 月 9 日《马背银行报》创刊号正式截稿付印。北京大学王曙光题写报名并撰写了题为《谋牧区民族繁荣之福，创草原普惠金融之路》的发刊词。

12 月 24 日“农村中小金融机构文化品牌建设经验交流座谈会”在银行成功举行，来自区内外专家学者 30 余人参加了会议；一年一度的员工冬季环城长跑活动于 24 日下午成功举办，郭建荣董事长、李晓峰行长等行领导参与并跑完全程。

12 月末 牧区服务站正式命名为“都兰·乌若”，给客户一个温暖的家。银行自 2015 年起开始设立了多个“基层服务站”，以扩大服务半径，弥补网点覆盖不足。为充分贴近牧区客户、展示民族特色、地区特色，体现银行文化，银行面向全体员工征集“基层服务站”专用名称，经多次筛选、领导研究，最终采用牧业金融部信贷员其木格“都兰·乌若”作为服务站的名称。“都兰·乌若”是蒙语音译，汉译为“温暖的家”，寓意银行与客户的关系亲近，谁也离不开谁。

2018年

2 月 8 日 银行举办了蒙古文书法展览暨蒙古文春联赠送活动。蒙古文书法展于 1 月初开始筹备，为期展览 3 个月，共展出来自马背银行蒙古文书协会成员的作品 53 幅。展览期间共有来自书法协会、客户、同业、政府相关部门以及其他等人参观，向客户赠送书法对联 100 副。

2018 年 2 月 10~11 日 银行组织了为期两天全封闭式的“如何培养和激励下属”培训，总行、支行两级管理人员及部分后备干部 42 人参加了培训。

4 月 10 日 银行举行九周年行庆客户答谢会。客户代表参加了“马背银行客户座谈会”，银行行长、副行长及各业务部、新区支行负责人参加，座谈会旨在了解为客户的贷款需求，发现金融服务中存在的不足，进一步提升和改善金融服务能力。

4 月 17 日 银行到内蒙古财经大学召开校园宣讲会，并与在场学生进行了经验介绍与交流，为他们分享了工作经验，现场氛围热烈，学生积极提问与交流。9 月 5 日，内蒙古财经大学金融学院领导到银行调研交流工作。同时，开展了“校银毕业生座谈会”，旨在通过银行、学校、学生的座谈交流了解学生们毕业后的就业适应情况及在就业过程中的感受，促进三方共同的发展。

5 月 19 日 银行党委书记、董事长郭建荣带领部分中高层领导、管理部门第一党支部全体党员、部分团干部以及质量提升小组成员到鄂温克旗伊敏苏木毕鲁图嘎查进行调研，与苏木、嘎查两级党政主要领导、部分客户举行座谈会，了解基层牧区生产经营、脱贫致富、信用环境建设、遏制非法高利贷等情况，听取基层干部和牧民客户对正规银行金融服务的需求。座谈结束后，举行了毕鲁图嘎查“都兰·乌若”基层服务站揭牌仪式，郭建荣董事长同伊敏苏木党委书记胡日查共同为毕鲁图服务站揭牌。为了帮助牧民抗灾保畜，银行向毕鲁图嘎查牧民客户捐赠了由山东华辰制药提供的专用兽药“头孢噻呋和氟苯尼考”50 瓶，价值 8500 元。同月，银行正式启动牧区宣传教育活动全面推进整治和防范化解牧区非法民间借贷工作。

6 月 银行荣获内蒙古自治区“2017 年度金融助推脱贫攻坚贡献奖”。

7 月 8 日 塔拉微金融学社召开第二次社员大会暨学术交流会。会议全面总结了塔拉微金融学社成立五年来在引导银行广大员工牧区普惠金融理论研究、推广马背银行品牌、推进企业文化建设等方面取得的成就，分析指出工作中的问题和不足，修改了学社章程，选举了新一届学社理事会成员以及会长、秘书长、副秘书长。北京大学经济学院教授、博士生导师、北京大学产业与文化研究所常务副所长王曙光应邀出席会议并发表演讲。

2018 年 7 月 5 至 6 日 银行承办内蒙古银行业协会村镇银行工作委员会 2018 年工作会议暨高管培训会。银行被推选为第二届内银协村银委主任单位，郭建荣董事长出任内银协村银委主任，做大会发言，并向全区七十家村镇银行发出《全区村镇银行规范经营服务乡村振兴战略倡议书》。银行还作为村镇银行代表就村镇银行普惠金融发展实践、支农支牧支小等主题分享了经验。

7 月 7 日 银行党委组织举办“马背银行纪念建党 97 周年暨诚信客户授牌仪式”活动，行领导、全体党员，各部门、支行员工及客户代表共计 110 余人参加活动。全体党员在党旗下庄严宣誓，重温入党誓词。之后，举行了“诚信客户授牌”仪式，并召开了“诚信客户座谈会”，高管、中层管理人员与各经营单位推选的 12 位牧民及微小企业客户进行了座谈。

7 月 18 日 银行召开第三次党员代表大会及本年度第四次党委会议，增选李晓峰行长为党委委员、副书记，选举贾逢英为纪委书记，全行 50 余名党员参加了会议。

8 月 银行荣获“全旗学习使用蒙古语文先进集体”荣誉称号。

8 月 3 日 中组部（内蒙古）聚焦精准扶贫挂职干部考察团到银行调研，自治区党委组织部、扶贫办、呼伦贝尔市委组织部、银监分局、鄂温克旗党政领导陪同。考察组成员、呼伦贝尔市委常委、副市长张启军主持座谈会。

8 月 3 日 根据中国银行业协会村镇银行工作委员会 2018 年

重点工作安排，银行作为政策研究工作组组长单位，在鄂温克旗牵头组织召开了村镇银行政策研究工作组启动会。参会代表到银行伊敏支行毕鲁图嘎查服务站参观调研。

8月7日 银行作为“创建呼伦贝尔市民族团结进步”展示企业接受了国家民委考核组的验收。内蒙古自治区民委主任奇锦玉、副主任李国成，呼伦贝尔市委副书记、市长姜宏、副市长姜宝东，鄂温克旗委书记赵玉林、旗长那晓光等领导陪同验收。银行通过书面材料、活动展板、现场讲解等方式向验收组介绍了情况，以视频连线方式分别同正在牧区现场调户的信贷员进行了现场对话。考核组对银行民族团结进步创建工作给予充分肯定，并与银行郭建荣董事长亲切交流。在此之前的6日下午，银行郭建荣董事长作为此次考核行程中的唯一一家企业代表接受了考核组安排的个别访谈。

8月13日 银行索伦书院举办了“云墨烟景”全国巡回书画展——呼伦贝尔站。此次展览共展出书画作品四十余幅，汇集了专业书法家张西平、书画家王战凌、薛钧及赵炜老师的作品。

9月 郭建荣董事长荣获呼伦贝尔市“民族团结进步模范个人”称号，银行荣获全旗学习使用蒙古语文先进集体荣誉称号。

9月28日 中银协村银委政策诉求课题组第二次讨论会在四川成都召开。

10月 伊敏支行被授予“呼伦贝尔银行业文明规范服务示范单位”称号。

10月20日至22日 银行领导及中层管理人员、部分挂职锻炼干部及业务骨干共计23人赴呼和浩特，在内蒙古财经大学金融学院举办了为期三天的中高层管理干部短期培训班。内蒙古财经大学副校长王立出席开班仪式并发表了讲话。在内蒙古财经大学设立马背银行“呼斯楞助学计划”，启动仪式在内蒙古财经大学举行，首批资助三名学生。

11 月 21 至 25 日 银行郭建荣董事长带领董事及高管、部分中层管理人员一行 10 人赴深圳考察学习，参观深圳前海企业公馆、深圳蛇口改革开放博物馆，并与建银国际（控股）有限公司、阿宝集团等公司进行了座谈交流。

12 月 21 日 鄂温克旗政协教科文卫体和文史学习委员会、鄂温克旗民族宗教事务局、鄂温克包商村镇银行共同主办的“传承民族文化，助力脱贫攻坚，促进民族团结”为主题的蒙汉书法展开幕。鄂温克旗政协主席浩特勒出席活动并致辞。银行郭建荣董事长出席活动，李晓峰行长在活动上发言，少数民族员工张雪莲、秋林、秦明志作品参展。

12 月 24 日 银行与内蒙古财经大学呼伦贝尔校友会达成战略合作协议，将银行作为校友会秘书处常设地，并提供 1000 万元授信，专项支持呼伦贝尔校友会会员企业发展和校友个人创业。

附录2 多县一行模式与牧区普惠金融发展

呼伦贝尔市是多民族的边疆地区，三少民族的聚居地，以牧业经济为主，边疆地区的民族团结、经济发展是社会稳定的重要因素。涉及民生的普惠金融的服务支持，是该地区较为稀缺的资源支持。因此，更多的增加普惠金融机构，特别是具有一定抗风险能力的中小农村金融机构服务的增加是必不可少的。

一、呼伦贝尔市概况及金融服务情况

（一）呼伦贝尔市地处边疆、少数民族地区，自然环境恶劣，经济总量低

呼伦贝尔市总面积26.2万平方公里，相当于山东省与江苏省两省面积之和，总人口254.9万人。辖2个市辖区、4个旗、3个自治旗，

5个市，主要为：海拉尔区、扎赉诺尔区、满洲里市、牙克石市、扎兰屯市、根河市、额尔古纳市、阿荣旗、陈巴尔虎旗、新巴尔虎左旗、新巴尔虎右旗、鄂温克旗、莫力达瓦自治旗、鄂伦春自治旗、鄂温克自治旗。

夏季短暂，冬季寒冷漫长，冬季气温最低达到-50~-40℃，全年平均气温为0℃，自然条件恶劣。

多民族边疆地区经济发展落后。市内共有汉、蒙古、达斡尔鄂温克、鄂伦春等32个民族，边疆少数民族各旗县，经济总量低，特别是农村人均收入低。

呼伦贝尔市2014～2017年主要经济指标完成情况

统计年度		2014年	2015年	2016年	2017年	2018年
主要经济指标完成情况	地区生产总值（亿元）	1522.2	1595.96	1620.86	1185.86	1252.9
	同比增长（%）	6.3%	4.85%	1.56%	按可比价增0.1%	按可比价增3%
	财政收入（亿元）	151.18	167.74	170.10	160.68	167.19
	同比增长（%）		10.95%	1.41%	-4.4%	4.1%
	城镇居民人均可支配收入（元）	24787	26844	28885	31195	33401
	同比增长（%）		8.3%	7.6%	8.0%	7.1%
	农牧民人均纯收入（元）	10751	11632	12540	13581	14895
	同比增长（%）		8.19%	7.81%	8.0%	9.7%
	全社会固定资产投资总额（亿元）	1001.4	1034.83	982.33	751.17	301
	同比增长（%）		3.34%	-5.07%	-27%	-26.1%
	社会消费品零售总额（亿元）	504.06	545.88	600.27	644.30	678.58
	同比增长（%）		8.30%	9.96%	7.3%	6.2%
	进出口贸易总额（万美元）	365700	298900	265200	305000	188.63亿元人民币
	同比增长（%）		-18.27%	11.27%	14.9%	-7.5%

主要边疆地区人口、面积及2018年经济指标情况

经济指标	牙克石	扎兰屯	额尔古纳	根河	阿荣旗	莫旗	鄂伦春	陈旗	新左旗	新右旗	鄂温克旗
地区面积（万平方公里）	2.78	1.69	2.89	2.0	1.1	1.0	5.46	1.74	2.01	2.48	1.86
常住人口（万人）	28.24	33.7	7.4	8.8	24.7	26.8	20.5	5.86	3.82	3.41	13.6
地区生产总值（亿元）	125.3	147.5	45.19	32.42	106	85	159.4	102.9	24.29	58.2	105.57
公共财政预算收入（亿元）	3.1	6.07	1.56	0.88	2.12	2.67	1.95	6.37	1.23	4.4	8.05
社会消费品零售总额（亿元）	74.4	75.25	18.26	22.42	41	39.5	31	6.99	7.39	7.5	20
城镇常住居民人均可支配收入（万元）	3.24	3.40	2.89	2.67	3.15	2.34	2.04	2.78	2.44	3.07	3.13
农村常住居民人均可支配收入（万元）	–	1.69	2.59	1.08	1.81	1.02	0.75	1.89	1.99	2.16	2.56

数据来源：各旗2019政府工作报告。

鄂伦春、莫旗地区为国定贫困县，扎兰屯市、阿荣旗、鄂温克族自治旗、新巴尔虎左旗为内蒙古自治区贫困县。东北边疆深处，地广人稀、经济总量不足、地理位置偏僻，毗邻边境，设备落后，牧民语言不通。从城镇、农村常住居民人均可支配收入方面，以上提及地区收入均与国贫县较接近。

（二）金融机构资源分配在边疆地区分配不充分

目前，呼伦贝尔市境内共有工商银行、农业银行、中国银行、建设银行、中国农业发展银行、农村商业银行、农村信用合作联社、招商银行、浦发银行、内蒙古银行、包商银行、邮政储蓄、村镇银行等银行业金融机构，营业网点共计537个。截至2018年末，全市金融机构人民币各项

存款余额 1627.80 亿元，同比增长 5.8%。其中，住户存款余额 988.23 亿元，增长 9.8%；非金融企业存款 221.26 亿元，下降 22.2%；广义政府存款 417.53 亿元，增长 18.7%。全市金融机构人民币各项贷款余额 1156.07 亿元，同比下降 2.6%。其中，住户贷款余额 337.73 亿元，增长 9.9%；非金融企业及机关团体贷款余额 817.83 亿元，下降 7.0%（数据来源：呼伦贝尔市 2018 年国民经济和社会发展统计公报）。

呼伦贝尔市地广人稀、经济总量不足。大量的金融网点资源和银行类型主要集中在海拉尔区、满洲里市，其他旗县基本以农村信用社、农行、邮储为主。仅鄂温克旗、莫旗、扎兰屯市设立了村镇银行。金融单位在基层嘎查地区开设机构或布置高成本机具的费用和运营风险较大，导致本地金融机构网点和机具在基层地区的覆盖率相对较低，当地办理信贷、结算等业务时路途较远，办理成本较高。

二、马背银行通过“多县一行”模式支持牧区发展的可行性

（一）政策支持

《中国银监会关于开展投资管理型村镇银行和“多县一行”制村镇银行试点工作的通知》（银监办发〔2018〕3 号）中明确提出：针对中西部和老少边穷地区部分县域经济总量小、人口少、金融承载能力弱的实际情况，特别是国定贫困县相对集中的区域，可以在同一省份内相邻的多个县（市、旗）中选择 1 个县（市、旗）设立 1 家村镇银行，并在其邻近的县（市、旗）设立支行，即实施“多县一行”制村镇银行模式。《内蒙古银监局关于促进银行业精准扶贫指导意见》（内银监发〔2017〕7 号）中指出，努力实现金融服务全覆盖，银行业金融机构下沉网点和服务，延伸服务半径。《内蒙古银监局关于印发加强农牧业金融服务指导意见的通知》（内银监发〔2017〕20 号）中明确提出：下沉农牧业金融服务重心，继续扩大农村牧区金融机构服务覆盖面，允许经营管理和风险管控

好的村镇银行在就近未设立村镇银行的旗县设立分支机构。自2009年起，呼伦贝尔市仅设立了3家村镇银行，覆盖率极低，远低于全国平均水平。面对呼伦贝尔市的自然、经济、人口分布情况下，很少有机构愿意直接设立一级独立法人机构的村镇银行，商业可持续性较低。如果选择一家具备多网点经营管理能力及风控能力的村镇银行，采用“多县一行”模式，可很快地解决金融机构的覆盖率问题。

（二）马背银行自身具备的经营条件

马背银行成立10年来，经营稳健，各项经营指标符合监管要求，多年被评为监管二级单位。银行的网点标准建设体系、各类产品体系、“都兰·乌若”服务模式、总支机构管理模式、银行运营软硬件系统、风控措施、人才支持等均具备实现更多网点同时运行与管理的条件。

（三）马背银行的社会责任及企业背景支撑

“马背银行 筑梦草原”，做全国最好的牧业金融机构的良好愿景，为

“都兰·乌若”流动服务站

少数民族地区、边疆地区的繁荣与发展，提供更多、更好的普惠金融服务资源，是马背银行的企业基本意识所在。马背银行在民族团结、少数民族干部建设、民族文化融入以及各类企业社会责任方面所取得的成绩，均能够推动呼伦贝尔市地区的人文、经济得到快速的发展。

三、马背银行的未来发展

未来，在“多县一行”政策的模式下，银行能够获得长足的发展。降低运营成本是企业发展的内生动力，同时该模式管理产生的规模效益，可以有效降低各类管理成本，也可以让客户享受到金融产品消费成本的下降，让更多的边疆地区人民在生产经营、消费生活等方面更多、更便捷地享受到普惠金融服务，提高居民的幸福感，是企业的良好意愿。在更多地区设立马背银行，为当地的金融行业的充分竞争、金融服务环境改善提供条件，让马背银行的品牌影响度得到进一步提升。

少数民族儿童在冬季那达慕上

附录3 历届董事会成员及高管名单

1. 董事会

第一届（2009.1–2012.1）

郭建荣 汪海峰 王久翔 陈祥 莫金柱

第二届（2012.1–2014.7）

郭建荣 汪海峰 王久翔 陈祥 王俊利

2014.7–2016.7

郭建荣 贺光明 郭军 陈祥 王俊利

第三届

2016.7–2017.5

郭建荣 贺光明 郭军 陈祥 王俊利

2017.5–2018.8

郭建荣 贺光明 李倩 陈祥 王俊利

2018.8–2019.3

郭建荣 李倩 张振敏 陈祥 王俊利

李倩同时担任董事会秘书

第四届（2019.3 起）

郭建荣 李晓峰 李倩 张振敏 陈祥

李倩同时担任董事会秘书

2. 监事

李雪莲（2016.7 至今）

3. 行长

第一任：汪海峰（2009.1–2011.7）

第二任：腾国华（2012.1–2017.6）

第三任：李晓峰（2017.6 至今）

4. 其他高管

褚继延

2010.2–2011.2 任行长助理

2011 年 2 月起担任副行长

2013 年起担任工会主席

2013 年 1 月起担任党委委员

李倩

2010.2–2011.2 任行长助理

2011.2–2018.7 任副行长

2013.1–2018.7 任党委委员

贾逢英

2017 年 6 月起担任行长助理

2013 年 1 月起担任党委委员

2018 年 7 月起担任纪委书记

马宁

2017 年 6 月起担任首席风险官

2013–2016 任工会副主席

2013 年 1 月起担任党委委员

2016 年 7 月起担任纪委委员

鄂继艳

2017 年 6 月起担任行长助理

2013 年 1 月起担任党委委员

2016 年 7 月起担任纪委委员

附录4 马背银行成立以来获奖情况（2009—2019）

序号	颁发单位	奖项名称	颁发日期
1	呼伦贝尔市非公有制经济组织创先争优活动指导小组	2010 年度呼伦贝尔市非公有制经济组织创先争优活动先进企业	2011 年 4 月
2	中共鄂温克旗委员会	先进基层党组织	2011 年 7 月
3	鄂温克旗旗委宣传部	全旗职工庆五一“工会杯”法律法规及业务知识竞赛优秀组织奖	2012 年 4 月
4	鄂温克旗委宣传部、鄂温克旗直机关工委、鄂温克旗总工会、鄂温克旗文体广电局	全民健身日暨全旗职工第九套广播体操比赛二等奖	2012 年 8 月
5	鄂温克旗委组织部 鄂温克旗文体广电局	在 2012 年鄂温克旗“欢度国庆、喜迎十八大”职工篮球赛中荣获体育道德风尚奖	2012 年 9 月
6	中国银行业协会	中国“微型创业奖”财务可持续奖提名	2012 年 11 月
7	呼伦贝尔银行业协会	在呼伦贝尔市银行业第一届“银协杯”乒乓球比赛中获得优秀组织奖	2013 年 3 月
8	内蒙古自治区总工会	全区五一劳动奖	2013 年 4 月
9	呼伦贝尔市总工会	全市五一劳动奖状	2013 年 5 月
10	中华合作时报社、中国社科院农村发展研究所、中央财经大学金融品牌研究所	吉祥三宝牧民贷款第三届中国农村金融品牌价值榜十大品牌创新奖	2013 年 6 月
11	中华合作日报社、中国社会科学院、中央财经大学	吉祥三宝系列产品荣获第三届中国农村金融“十大品牌创新产品”称号	2013 年 6 月
12	内蒙古银行业协会	最佳社会责任特殊贡献网点奖	2013 年 7 月
13	中国银行业协会	2013 年中国银行业协会（花旗集团）微型创业奖 2013 年度微型金融机构	2013 年 10 月
14	金融时报 中国社科院金融研究所	荣获 2013 中国金融机构金牌榜——年度最佳村镇银行	2014 年 1 月
15	内蒙古自治区总工会	全区示范化企业工会	2014 年 1 月
16	鄂温克旗党委	2013 年度全旗群团工作先进集体	2014 年 2 月

序号	颁发单位	奖项名称	颁发日期
17	呼伦贝尔市人力资源和社会保障局	呼伦贝尔市创建和谐劳动关系、劳动保障诚信守法企业 A 级单位	2014 年 3 月
18	呼伦贝尔市人力资源和社会保障局	2013 年度劳动保障诚信守法 A 级单位	2014 年 3 月
19	鄂温克旗团委	全旗青年业余歌手大赛中获得“组织奖”	2014 年 4 月
20	内蒙古自治区总工会	内蒙古自治区【工人先锋号】	2014 年 4 月
21	呼伦贝尔市总工会	授予微小企业金融部：呼伦贝尔市工人先锋号	2014 年 4 月
22	内蒙古自治区人民政府	2013 年度金融支持县域经济发展突出贡献奖	2014 年 5 月
23	内蒙古自治区团委	全区五四红旗团支部（团总支）	2014 年 5 月
24	共青团鄂温克族自治旗委员会	微小企业团支部被评为 2013 年度鄂温克旗五四红旗团支部	2014 年 5 月
25	中共呼伦贝尔非公有制企业系统委员会	优秀党员示范岗	2014 年 7 月
26	中共呼伦贝尔非公有制企业系统委员会	先进基层党组织	2014 年 7 月
27	内蒙古银行业协会	吉祥四宝、农牧民系列贷款产品 2014 年度内蒙古银行业服务“三农三牧”创新金融产品	2014 年 10 月
28	内蒙古银行业协会	支持三农三牧创新金融产品称号	2014 年 10 月
29	鄂温克旗政府	行歌《草原上的雄鹰》荣获鄂温克旗首届文学艺术创作政府彩虹奖	2014 年 12 月
30	经济日报	中国服务县域经济十佳村镇银行	2014 年 12 月
31	内蒙古自治区人民政府	2014 年度金融支持民生贡献奖	2015 年 3 月
32	呼伦贝尔银行业协会	呼伦贝尔银行业协会第一届“银协杯”排球比赛男子组第二名	2015 年 6 月
33	中华合作时报社、中国社会科学院农村发展研究所、中央财经大学金融品牌研究所	郭建荣同志：2014 年农村金融十大品牌创新人物	2015 年 6 月
34	鄂温克旗总工会	荣获庆“七一”全旗职工拔河比赛体育道德风尚奖	2015 年 7 月
35	鄂温克人民政府人防办 共青团鄂温克旗委员会	团委在“纪念中国人民抗日战争暨世界反法西斯战争胜利 70 周年”知识竞赛中荣获优秀组织奖	2015 年 9 月

序号	颁发单位	奖项名称	颁发日期
36	中国县域金融年会组委会、经济日报报业集团中国县域经济社报	2015 年度中国服务县域经济十佳村镇银行	2015 年 12 月
37	中共呼伦贝尔市委员会 呼伦贝尔市人民政府	全市学习使用蒙古语文先进集体	2016 年 3 月
38	呼伦贝尔市团委	全市五一巾帼标兵岗	2016 年 5 月
39	呼伦贝尔市总工会	全市五一巾帼标兵岗	2016 年 5 月
40	鄂温克旗旗委宣传部	“欢乐草原季”全旗嘎查社区文艺演出优秀奖	2016 年 6 月
41	中共鄂温克旗委员会	先进基层党组织	2016 年 7 月
42	鄂温克旗团委	2016 年度全旗五四红旗团委	2017 年 5 月
43	中共鄂温克旗委员会	先进基层党组织	2017 年 7 月
44	中共内蒙古自治区委员会 内蒙古自治区人民政府	内蒙古自治区民族团结进步模范集体	2017 年 9 月
45	内蒙古自治区政府	内蒙古自治区 2017 年度金融助推脱贫攻坚贡献奖	2017 年 12 月
46	鄂温克旗党委、政府	全旗学习使用蒙古语文先进集体	2018 年 8 月
47	中共呼伦贝尔市委员会 呼伦贝尔市人民政府	郭建荣同志：民族团结进步模范个人	2018 年 9 月
48	中共内蒙古自治区委员会	2018 年度五四红旗团委	2019 年 4 月
49	中国银行业协会	中国银行业协会最佳专业委员会副主任单位	2019 年 4 月